수학 명문 학교, 아스트로 아카데미

에밀리 호킨스 글 · 다니엘 프로스트 그림 · 고유경 옮김

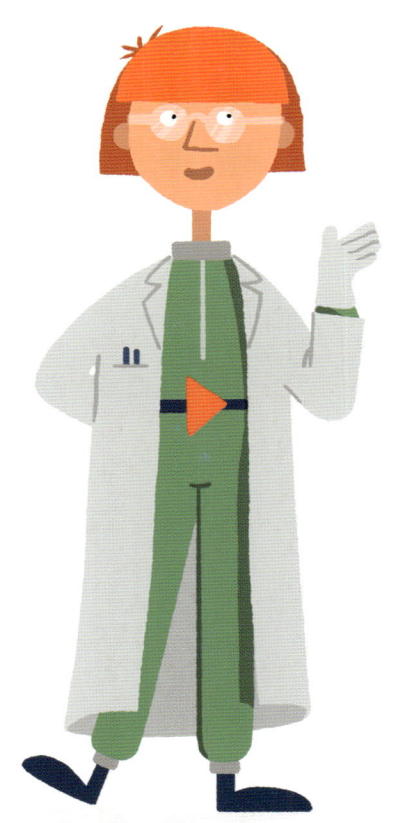

길벗어린이

수학 명문 학교, 아스트로 아카데미에 온 것을 환영합니다!

이름 _____

차례

- **4-5** 스타십 인피니티호 탑승을 환영해요
- **6-7** 수학은 왜 중요할까요?
- **8-9** 스타십 인피니티호 승무원을 소개합니다

1학기

- **10-11** 숫자 감각 익히기
- **12-13** 제1과 자릿수란 무엇일까?
- **14-15** 제2과 덧셈의 세계
- **16-17** 제3과 기가 막힌 뺄셈
- **18-19** 제4과 음수란 무엇일까?
- **20-21** 제5과 온몸이 꽁꽁!
- **22-23** 제6과 곱셈의 달인이 되자
- **24-25** 제7과 빠른 곱셈
- **26-27** 제8과 나눗셈 다루는 법
- **28-29** 제9과 나눗셈을 더 쉽게 하는 방법이 있을까?
- **30-31** 제10과 숫자 묘기
- **32-33** 제11과 소수란 무엇일까?
- **34-35** 제12과 제곱수와 제곱근
- **36-37** 제13과 신기한 삼각수
- **38-39** 제14과 거듭제곱의 힘을 느껴 봐!
- **40-41** 제15과 분수를 배우자
- **42-43** 제16과 재미있는 소수
- **44-45** 제17과 백분율이란 무엇일까?
- **46-47** 제18과 수열과 급수
- **48-49** 제19과 피보나치수열
- **50-51** 제20과 놀라운 숫자 9

2학기

52-53 도형과 크기

- **54-55** 제21과 각 이해하기
- **56-57** 제22과 평면도형
- **58-59** 제23과 환상적인 삼각형
- **60-61** 제24과 원과 함께 빙글빙글
- **62-63** 제25과 누워서 파이 먹기
- **64-65** 제26과 아리송한 둘레
- **66-67** 제27과 넓이야 놀자
- **68** 제28과 꼭 알아야 하는 입체도형
- **69** 제29과 신통방통 변환의 세계
- **70-71** 제30과 대칭과 테셀레이션

3학기

72-73 실생활 속의 수학

- **74-75** 제31과 인체의 수학
- **76-77** 제32과 단위를 익히자
- **78-79** 제33과 우주의 거리
- **80-81** 제34과 시간을 재 보자
- **82-83** 제35과 속력이 필요해
- **84-85** 제36과 통계란 무엇일까?
- **86-87** 제37과 한눈에 보기 쉬운 그래프
- **88-89** 제38과 확률의 뜻
- **90-91** 제39과 지도와 나침반
- **92-93** 제40과 화성 탐사 임무

94-95 졸업을 축하합니다

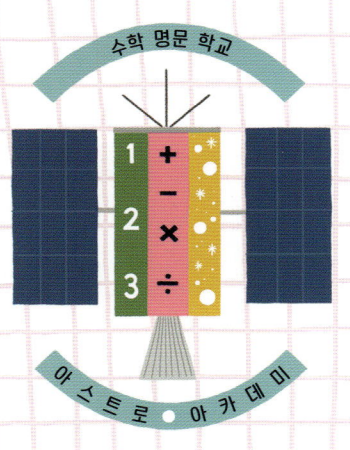

수학 명문 학교, 아스트로 아카데미 합격 통지서

훈련생 여러분, 입학을 축하합니다.

우리와 함께 우주를
탐험하며 경이로운 수학의
세계에 빠져 봅시다.

스타십 인피니티호 승무원 일동

스타십 인피니티호 탑승을 환영해요.

안녕하세요, 훈련생 여러분!

수학 명문 학교, 아스트로 아카데미에 입학한 걸 축하해요.
스타십 인피니티호는 지식 탐구를 위해 은하계를 배회하는 우주 연구선이에요.
신입생들이 어엿한 승무원이 될 수 있도록 수학 전문가인
스타십 인피니티호의 승무원들이 여러분을 가르칠 예정이랍니다.
여러분은 3학기에 걸쳐 수학 여행을 떠나게 됩니다. 첫 학기에는 숫자 감각을 익히고,
두 번째 학기에는 도형의 비밀을 알아볼 거예요. 그리고 마지막 학기에는
실생활에서 수학이 어떻게 쓰이는지 살펴볼 예정이랍니다.

모두 준비됐나요?
그럼 스타십 인피니티호를 타고 수학 여행을 떠나 봅시다!

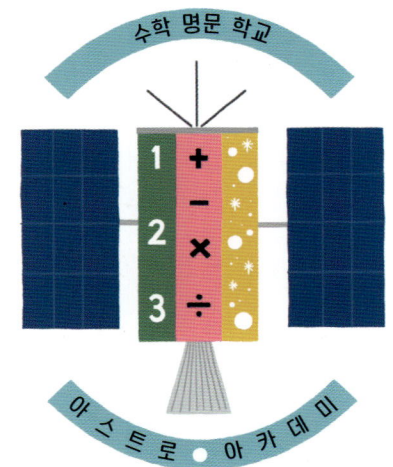

수학은 왜 중요할까요?

수학의 세계는 머릿속 놀이터와 같아요. 수학은 두뇌 운동을 할 수 있게 해 주고, 이 운동은 뇌의 움직임을 빠르고 민첩하게 만들어 줍니다. 운동을 많이 할수록 체력이 좋아지듯이 뇌도 마찬가지예요. 많이 쓸수록 점점 좋아지거든요. 수학은 뇌세포를 신나게 하는 데 매우 뛰어난 재주가 있답니다.

수학은 또한 실생활의 문제 해결에도 중요한 역할을 해요. 교통 혼잡을 줄이고, 건물을 설계하고, 케이크를 굽고, 날씨를 예측할 때에도 수학이 필요하답니다.

특히 우주 비행사에게 수학은 정말 중요해요. 수학이 없다면 우주선을 만들어서 발사하거나 항해할 수 없을 테니까요. 주위를 둘러보면 어디서나 수학을 찾을 수 있어요. 자연, 음악, 심지어 예술에도 수학이 숨어 있지요. 그래서 수학을 익히면 세상을 더 잘 이해할 수 있어요.

카드 게임이나 마술도 훨씬 흥미진진하게 즐길 수 있답니다!

하지만 하루아침에 수학의 달인이 될 수는 없기 때문에 수학을 익히려면 훈련이 필요해요. 간단한 연산부터 시작해야 복잡한 분야로 넘어갈 수 있지요. 이제 스타십 인피니티호에 탑승하게 되면 여러분은 수학의 세계로 떠나게 될 거예요. 기본적인 덧셈과 뺄셈, 곱셈과 나눗셈, 분수와 백분율 그리고 도형 바꾸기와 확률을 이해하는 방법까지 모든 단계마다 우리가 여러분과 함께할 거예요. 열심히 배우고 훈련한다면 언젠가는 여러분도 우주선의 선장이 될 수 있답니다!

여행을 떠나기 전에 여러분에게 소개할 중요한 사람들이 있어요. 이제 책장을 넘겨 우리 팀을 만나러 가 볼까요!

스타십 인피니티호 승무원을 소개합니다

함장
아르키메데스 브라운

안녕하십니까, 훈련생 여러분. 저는 대담하고 용감무쌍한 사령관, 아르키메데스 브라운 함장입니다. 수학의 모든 분야를 잘 알고 있는 수학의 달인이지요. 수학을 사랑하는 마음 덕분에 우주 사령관까지 될 수 있었습니다. 저도 여러분처럼 아스트로 아카데미의 훈련생으로 시작했고, 차근차근 한 계단씩 올라 이 자리까지 왔답니다. 이 어항 속 물고기는 저의 애완용 금붕어 파이입니다. 파이는 늘 저와 함께 다닌답니다. 훈련생 여러분, 미리 일러두자면 저는 아주 철저한 사람입니다. 그래서 훈련생들이 모든 수업 시간에 딱 맞춰 도착했으면 좋겠네요. 그럼 뛰어 볼까요!

비행사
루이스 카르멘 디노미네이터

훈련생 여러분, 만나서 반가워요. 저는 스타십 인피니티호의 비행사입니다. 주로 통제실에 머무르며 우주선 발사부터 조종, 항로 수정, 대기권 진입 등 우주선 비행을 두루 감독하지요. 제가 흠뻑 빠져 있는 수학 분야는 분수예요. 어서 여러분과 분수에 관한 이야기를 나누고 싶군요. 저는 체구는 조금 작아도 수학을 향한 열정으로 똘똘 뭉쳐 있어요. 그래서 좀처럼 자리를 비우는 일도 없지요. 동료들은 저를 포켓 로켓이라고 부른답니다!

항해사
디 아미터

만나서 무척 반갑습니다. 저는 스타십 인피니티호의 항해사예요. 은하계를 항해하는 항로를 계획하지요. 저는 지도와 별자리표를 좋아하고 여러분이 어디로 향하는지 제가 늘 알아야 한다고 생각해요. 그리고 모든 일을 정확하게 처리하는 걸 좋아하죠. 그래서 다들 저더러 좀 까탈스럽다고 해요. 제 작업실은 모든 게 깔끔하게 정돈되어 있어요. 종이 더미는 수직으로 똑바르게, 펜은 길이순으로 배열되어 있지요. 수학에서 제 전문 분야는 기하학이에요. 2학기가 되면 멋진 도형의 세계에 눈이 번쩍 뜨이리라 기대합니다.

수석 엔지니어
알 자브라

연구소장
에바 릿지

보안 팀장
아담 업

안녕, 친구들! 저는 수석 엔지니어 알입니다. 스타십 인피니티호가 잘 작동하는지 확인하는 게 제 일이에요. 말하자면 우주선의 시스템과 장비가 잘 유지되고 언제든 활동할 준비가 되어 있는지 점검하는 거죠. 물론 제 밑에서 일하는 엔지니어 팀이 따로 있지만, 전 여전히 궂은일을 마다하지 않아요. 제 전문 분야는 대수학과 연산입니다. 수학 문제를 풀고 숫자로 노는 걸 좋아하죠. 초롱초롱한 눈으로 수학에 흠뻑 빠지게 될 여러분을 생각하니 벌써 신나는군요. 위대한 발견을 위한 멋진 여행이 될 거예요!

패기 넘치는 블랙홀같은 훈련생 여러분, 만나서 정말 반가워요! 제 이름은 에바예요. 스타십 인피니티호의 연구소장이지요. 저는 우주선에서 수행하는 모든 실험과 외계 행성에 관한 연구를 감독하는 연구소를 운영해요. 열렬한 숫자 수집가라 통계학을 매우 좋아하죠. 우주 식당에 있는 각종 소시지의 길이부터 승무원들의 머리둘레까지 다양한 자료를 수집해 목록으로 만들어요. 스타십 인피니티호에 탑승한 여러분을 만나게 되어 정말 기쁘답니다.

안녕하세요, 저는 보안 팀장 아담입니다. 우주선에 탑승하든 외계 행성을 방문하든, 우주선과 모든 승무원의 안전을 확실하게 보장하는 일을 맡고 있지요. 현재 블랙 히드라라는 외계 종족이 우리의 안전을 가장 많이 위협하고 있어요. 은하계를 돌아다니며 성가신 짓을 하고 있거든요. 하지만 제가 그들을 통제하고 있으니 걱정 마세요! 어쨌든 저는 여러분에게 덧셈, 뺄셈, 곱셈 등 연산에 대한 모든 걸 가르칠 예정입니다. 수학은 무섭지도, 어렵지도 않아요. 우리 자신을 믿고 한 번에 한 걸음씩 나아가면 누구나 수학을 잘할 수 있답니다.

1학기

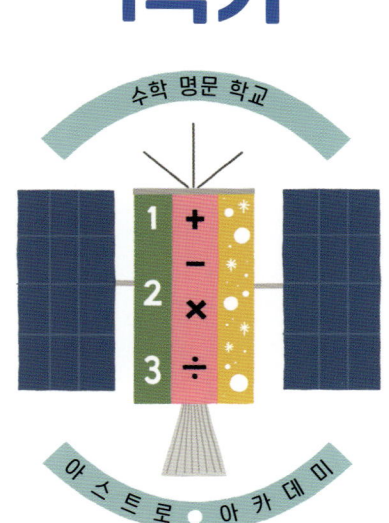

숫자 감각 익히기

훈련생 여러분, 1학기가 시작되었습니다! 스타십 인피니티호에서 맞이하는 첫 학기에는 숫자에 관한 모든 것과 숫자를 사용하는 유익한 방법을 배울 예정이랍니다.

숫자는 아주 오랫동안 존재해 왔지만, 인간이 언제부터 숫자를 사용했는지 정확히 아는 사람은 없어요. 하지만 눈금이 새겨진 3만 년 된 뼛조각이 발견된 걸 보면, 당시 사람들은 그 뼛조각으로 숫자를 세었던 것 같아요. 그보다 훨씬 시간이 흘러 지금으로부터 약 5,000년 전, 영리한 고대 이집트인들이 오늘날 우리가 사용하는 수와 거의 비슷한 숫자 체계를 고안해 냈답니다.

아마도 여러분은 처음엔 손가락과 발가락으로 숫자를 세었을 거예요. 아기 돼지 한 마리, 아기 돼지 두 마리…. 사람들은 숫자를 세기 시작한 순간부터 손가락을 사용했지요.

한 자릿수인 0부터 9까지가 단지 숫자일 뿐만 아니라 손가락을 뜻하는 단어라는 걸 알고 있나요? 손가락이 열 개니까 수학 체계에 열 개의 한 자릿수가 있고, 이 숫자가 여러분이 알아야 할 모든 숫자를 구성한다는 사실은 그리 놀라운 일이 아니에요. 잠시 후 책장을 넘기면 이 숫자들을 만날 수 있답니다.

이번 학기에는 숫자를 이용해 묘기를 부리는 온갖 방법을 알아볼 거예요. 숫자를 서로 붙이거나 갈라놓기도 하고, 그 값이 점점 더 커질 때까지 마구 늘리기도 할 거랍니다! 숫자에 익숙해지면 우주선의 비행사로 합류할 때 많은 도움이 돼요. 외계 우주선의 수를 비교하고, 로켓 연료가 얼마나 필요한지 알아내고, 심지어 우주 식당에서 피자를 나눠 먹는 것까지 숫자는 어디에나 있으니까요. 이 방법을 익히면 은하계는 여러분의 수학 놀이터가 된답니다. 자, 안전띠를 단단히 맸나요? 우주로 날아갈 준비도 끝났지요? 그럼 출발합니다!

제1과
자릿수란 무엇일까?

친애하는 훈련생 여러분, 여러분의 첫 수업을 맡게 되어 기쁩니다. 우선 기초부터 시작해 봅시다. 1, 2, 3 만큼 쉬워요.

1, 2, 3이란 무엇일까요? 1, 2, 3은 숫자인 동시에 한 자릿수이기도 해요.

한 자릿수는 수학의 구성 요소지요. 여기서 알아 두어야 할 점은 한 자릿수는 10개밖에 없다는 거예요.

1, 2, 3, 4, 5, 6, 7, 8, 9,

그다음 열 번째 숫자는 무엇일까요? 10이라고요? 음, 사실 10은 한 자릿수인 1과 0을 붙여서 만든 숫자예요. 열 번째 한 자릿수는 바로 0이랍니다!

0

이 숫자들을 붙이면 어떤 숫자든 만들 수 있어요. 23, 467, 1050, 8495, 5346…등 이해가 되죠?

자, 지금부터 잘 들어 보세요. 이제는 각 한 자릿수의 **위치**가 중요하다는 걸 기억해야 해요. **한 자릿수는 위치에 따라 각각 의미가 달라져요.** 더욱 잘 이해하기 위해 다음처럼 한 자릿수를 상자에 넣어 볼게요.

천의 자리	백의 자리	십의 자리	일의 자리
5	3	4	6

위에 있는 각 상자는 왼쪽으로 갈수록 그 값이 10배씩 커져요. 가장 오른쪽에 있는 자리는 '1'의 개수를 말해요. 다음 왼쪽에 있는 자리는 '10'의 개수를 말하지요. 그다음은 '100'의 개수, 또 그다음은 '1000'의 개수예요. 그리고 계속해서 자릿수를 늘릴 수 있답니다. 따라서 5346은 1000이 5개, 100이 3개, 10이 4개, 1이 6개인 수예요. 이처럼 여러분은 한 자릿수의 위치에 따라 항상 그 숫자의 값을 알 수 있지요. 자릿수가 늘어날수록 더욱 큰 수가 된답니다.

이러한 자릿수 덕분에 우리는 많은 시간을 절약할 수 있어요. 예를 들어 막대기에 삼백사십육 개의 작은 눈금을 새기는 것보다 346이라고 쓰는 게 훨씬 빠르니까요. 자릿수에 감사합시다!

숫자 0

잠시 빈자리를 찾아 주위를 둘러볼게요. 다리를 쭉 펴고 마음 편히 쉬자는 게 아니에요. 여기서 '빈자리'란 '아무것도 없음'을 뜻하는 마법의 숫자, 바로 0을 말한답니다.
여러분은 0이 쓸모 없는 수라고 생각할 수 있지만, 이 깔끔하고 작은 기호는 매우 중요해요. 수학이 탄생한 초반에는 숫자 0이 존재하지 않았다는 것을 알고 있나요? 7세기가 되어서야 인도의 수학자가 0의 중요성을 알아봤지요. 누군가 0이 왜 중요한지 묻는군요. 자, 한번 살펴볼까요?

예를 들어 숫자 204에 있는 0은 십의 자리의 수가 없다는 뜻이에요. 이러한 0이 없다면 24와 204를 구별하거나 1,000과 1의 차이를 알려줄 방법이 없답니다! 0이 없는 세상, 얼마나 혼란스러울지 상상이 되나요?

우리의 영웅 '0'

숫자 0은 그야말로 세계적인 슈퍼스타가 되었어요. 0의 명성은 인도에서 중동 그리고 유럽까지 빠르게 퍼졌지요. 하지만 몇몇 사람들은 새로운 숫자를 의심했어요. 1299년, 이탈리아 피렌체에서는 실제로 0을 쓰지 못하게 했어요. 0을 휘갈겨 쓰면 6이나 9로 보여서 계산이 자꾸 틀렸거든요. 하지만 0의 힘은 막을 수 없었고, 1500년대부터는 널리 쓰이게 되었답니다.

깜짝 퀴즈

우리 우주선에 탑승한 사육사 제럴드는 문어코끼리 에드나의 생일을 알리는 축하 문자를 만드는 데 애를 먹고 있어요. 오늘로써 에드나는 4천 6살이 되었거든요! 제럴드가 올바른 문자를 보낼 수 있도록 도와줄 수 있나요? 양초들이 어디 있으려나!

A) 4,060   B) 4,600   C) 4,006

정답 : C) 4,006이에요. 4006은 1,000이 4개, 1이 6개인 수랍니다.

제2과
덧셈의 세계

안녕하세요, 훈련생 여러분. 저는 아담이에요. 드디어 여러분의 첫 수업이 끝났군요! 생각보다 어렵지 않았죠? 이제 한 자릿수에 대해 배웠으니 지금부터는 그 숫자들로 재밌는 놀이를 할 차례랍니다. 우선 더하기 즉, 덧셈을 해 볼게요. 덧셈은 제가 가장 좋아하는 놀이지요. 덧셈이란 여러 숫자를 합쳐 새롭고 더 큰 숫자를 만드는 거예요. 숫자를 더하는 순서는 중요하지 않아요. 만약 우주 탐사선 스페이스 주머에 외계 생물 플리글워퍼 5마리가 타고 있는데, 3마리가 더 들어가면 플리글워퍼는 총 8마리가 돼요. 하지만 스페이스 주머에 플리글워퍼 3마리가 있고 5마리가 더 들어간다고 해도 플리글워퍼의 총합은 여전히 8마리지요. 그래서 5+3은 3+5와 같고, 둘 다 합하면 각각 8이 됩니다. 물론 한 자릿수는 위치에 따라 다른 수를 의미해요. 예를 들어 574는 500과 70과 4를 더한 수지요. 574에 23을 더하려면 **일의 자릿수는 일의 자릿수와 십의 자릿수는 십의 자릿수와, 백의 자릿수는 백의 자릿수와 더해야 한답니다.**

1. 먼저, 더해지는 수 아래에 더하는 수를 자릿수에 맞춰 나란히 쓰세요.

   ```
   백  십  일
   의  의  의
   자  자  자
   리  리  리
   ↓   ↓   ↓
   5   7   4
   +       2   3
   _____
   ```

   이 작은 기호가 보이면 더하라는 뜻입니다!

   훈련생 여러분, 자릿수에 맞춰 정렬해야 한다는 걸 명심하세요!

2. 이제는 각 자릿수에 있는 숫자를 더해야 해요. **4+3은 7이므로 줄 아래에 7을 쓰세요.** 그런 다음 십의 자리로 이동합니다. 7+2는 9이므로 줄 아래에 9를 쓰세요. 백의 자리에는 5에 더할 숫자가 없으므로 줄 아래에 5를 그대로 내려쓰면 된답니다. 짜잔!

   ```
   백  십  일
   의  의  의
   자  자  자
   리  리  리
   ↓   ↓   ↓
   5   7   4
   +       2   3
   _____
   5   9   7
   ```

조금 어려운 덧셈 문제 하나를 풀어 볼까요?
바로 367+165예요.

1. 여기서 기억해야 할 점은 일의 자리 숫자끼리 더해 10 이상이 되면, 그 값의 오른쪽 숫자만 일의 자리에 쓰고 왼쪽 숫자는 십의 자리로 옮겨야 한다는 거예요. 일의 자리부터 더하면, 7+5=12이므로 2는 일의 자리에 그대로 쓰고, 1은 십의 자리 아래쪽에 적어 두고 잊지 않도록 하세요.

```
   3 6 7
+  1 6 5
---------
         2
        1
```

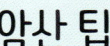
나를 꼭 기억해요!

2. 이제 십의 자리 숫자끼리 더하고 나서 아래쪽에 적어 둔 1을 더해요. 따라서 6+6+1=13이 되지요. 3은 십의 자리에 그대로 두고, 1은 백의 자리 아래쪽에 적어 두세요.

```
   3 6 7
+  1 6 5
---------
     3 2
    1 1
```

3. 거의 다 끝났어요. 이제 우리가 해야 할 일은 백의 자리 아래 남겨둔 1을 기억하며 백의 자리 숫자끼리 더하면 된답니다. 따라서 3+1+1=5가 되지요. 백의 자리에 5를 적으면 532라는 답이 나온답니다. 휴, 잘했어요.

```
   3 6 7
+  1 6 5
---------
   5 3 2
    1 1
```

암산 팁

덧셈을 빨리 해야 할 때는 머릿속으로 계산하는 게 좋아요. 자잘한 수를 더하는 것보다 10단위로 더하는 게 간단하니까요. 그래서 33+46을 계산해야 한다면, 일의 자릿수는 잠시 두고 30+40을 먼저 더해요. 그러면 70이 되지요. 그리고 마지막에 3과 6을 더하면 79가 된답니다. 참 쉽죠!

깜짝 퀴즈

뭄보와 스커글이 장갑을 사러 외계인 의류 매장에 가는 길이에요. 뭄보의 팔은 16개이고 스커글의 팔은 38개지요. 장갑은 모두 몇 개를 사야 할까요?

정답 : 16+38, 모두 54개의 장갑을 사야 합니다.

제3과
기가 막힌 뺄셈

훈련생 여러분, 이번 수업에서는 빼기 즉 뺄셈을 배울 거예요. 덧셈과는 정반대지요. "잠깐만요, 우주 사령관이 되는데 왜 뺄셈을 배워야 하죠?" 하는 볼멘소리가 들리는군요. 글쎄요. 여러분에게 76척의 우주선이 있었는데 블랙홀이 그중 58척을 삼켰어요. 똑똑한 지휘관이라면 우주선이 몇 척 남았는지 알아야겠죠?

1. 76에서 58을 빼려면 우선 큰 수를 위에, 작은 수를 아래에 나란히 적어요. **덧셈과 마찬가지로 자릿수를 맞춰야 한다는 걸 기억하세요.** 뺄셈에서도 같은 자릿수에 있는 수를 빼야 해요. 일의 자릿수는 일의 자릿수끼리, 십의 자릿수는 십의 자릿수끼리 빼면 되지요. 어때요, 감이 오죠?

2. 일의 자릿수부터 시작할게요. 6에서 8을 어떻게 뺄까요? 왠지 안 될 것 같군요. 8이 6보다 크니까요. 하지만 걱정하지 마세요. 십의 자릿수에서 10을 빌려오면 되니까요. 따라서 십의 자릿수 7은 6으로 바뀌고, 일의 자릿수 6은 16이 된답니다.

3. 훨씬 쉬워졌죠. 이제 16에서 8을 빼면 8이 돼요. 그리고 십의 자릿수 6에서 5를 뺀 값 1을 아래에 적으세요.

이 작은 기호는 빼라는 뜻이에요.
이 기호가 보이면 뺄셈 준비를 하세요.

따라서 우리에게는
18척의 우주선이 남았답니다.

암산 팁

간단하게 머릿속으로 숫자를 빼는 방법이 있어요. 만약 두 숫자끼리 빼는 게 싫다면, 작은 숫자에 얼마를 더해야 큰 숫자가 되는지 생각해 보세요. 우주선이 얼마 남을지 알고 싶다면 58에서 76까지 세면 돼요. 바로 이렇게요. 58+2=60, 60+10=70, 70+6=76. 더해야 할 숫자를 모두 더하면 2+10+6=18이지요. 따라서 18척의 우주선이 블랙홀에서 탈출했답니다!

깜짝 퀴즈

등골이 오싹해지는 뺄셈 문제를 풀어 봅시다.

1. 우선 네 자릿수를 정해요.
(단, 서로 다른 숫자가 적어도 2개 이상은 되어야 해요.)
2. 이 숫자를 크기순으로 배열해서 가장 큰 수와 가장 작은 수를 만들어요.
3. 큰 수에서 작은 수를 빼요.
4. 계산 결과로 얻은 네 자릿수로 2단계와 3단계를 반복하세요.

새로 얻은 네 자릿수로 같은 과정을 반복한 결과의 값이 6174가 되면, 그 뒤로는 아무리 같은 단계를 반복해도 계속 6174라는 답이 나온답니다. 정말 오싹한 건 네 자릿수라면 모두 6174가 나온다는 거예요.

어때요, 놀랍지 않나요?

제4과
음수란 무엇일까?

훈련생 여러분, 음수라는 말이 낯선가요? 걱정하지 마세요! 오늘은 생태 기지를 방문해서 음수에 대한 모든 걸 배워 볼 거예요. **음수는 0보다 작은 수를 말해요.** 음수 앞에는 음의 부호(-)가 있어 금방 찾을 수 있지요. 수직선을 한번 보세요. 물 위에 있는 모든 수는 양수이고, 물 아래에 있는 수는 음수예요. 우리가 높이 올라갈수록 숫자는 점점 커지고, 깊이 잠수할수록 숫자는 작아지지요. 따라서 -3은 -9보다 더 큰 수예요. -3이 훨씬 위쪽에 있으니까요. 수직선을 이용하면 음수의 합을 계산할 수 있어요. 만약 수면 위 10m에서 날고 있는 우주새 한 마리가 맛있어 보이는 스퀴머를 잡으려고 16m 아래로 뛰어든다면, 우주새가 도착한 깊이는 얼마가 될까요? 10에서 아래로 16칸을 세면 되니까…. 바로 -6m랍니다.

암산 팁

알아두면 꽤 쓸모 있는 팁 하나를 꼭 기억해 두세요. **음수를 뺀다는 건 더하기와 같아요.** 음의 부호 2개가 서로 나란히 있다면, 모두 양의 부호(+)로 바꿀 수 있거든요. 8-(-6)이 살짝 얼떨떨해 보이겠지만, 사실은 8+6과 똑같답니다. 휴!

깜짝 퀴즈

날치 한 마리가 -4m 깊이에서 헤엄치고 있어요. 갑자기 6m 위로 뛰어올랐다가 12m 아래로 내려갔다면 현재 날치의 깊이는 얼마일까요?

정답: -10m

제5과
온몸이 꽁꽁!

덜덜덜, 여기는 좀 추워요! 생태 기지의 극지방에 오신 걸 환영합니다. 우리는 이곳에서 음수를 조금 더 알아보려 해요. 아마 여러분은 온도계로 온도를 측정할 수 있다는 걸 알고 있을 거예요. 그래서 얼마나 뜨겁고, 얼마나 추운지 바로 알 수 있지요. 1700년대에 안데르스 셀시우스라는 똑똑한 스웨덴 천문학자가 오늘날에도 여전히 사용하는 온도 눈금을 생각해 냈어요. 셀시우스 눈금에서 0°C는 물의 어는점이에요. 이보다 더 추운 게 음의 온도랍니다.

이상하지만 사실이에요

셀시우스는 원래 물의 끓는점을 0°C로, 어는점을 100°C를 설정했어요. 오늘날에는 반대로 눈금을 사용하고 있답니다!

120°C 달의 낮 기온
달이 점점 뜨거워지면 정말 더워요. 하지만 태양의 중심과 비교하면 어떨까요? 그곳은 너무 뜨거워서 눈금을 벗어나요. 약 1,500만°C랍니다!

100°C 물의 끓는점

70°C 지구에서 가장 뜨거운 곳
위성이 측정한 바로는 이란의 루트 사막이 이 정도로 엄청 뜨겁대요. 진짜 덥겠어요!

0°C 물의 어는점
물은 0°C에서 얼음으로 변해요. 이보다 낮은 온도를 '영하'라고 하지요.

-93°C 지구에서 가장 추운 곳
지구에서 가장 추운 곳은 남극의 동쪽 고원이에요. 정말 춥겠어요!

-170°C 달의 밤 기온
밤이 되면 달의 기온이 곤두박질쳐요. 우주 비행사들은 보호복을 입어야 추위를 막을 수 있답니다.

절대영도
우주 전체에서나 있을 법한 가장 낮은 온도예요! 지구상에는 이렇게 낮은 온도가 없답니다.
-273°C

깜짝 퀴즈

여러분은 기온이 40°C인 노바테라 행성의 인터스텔라 홀리데이 여행사를 돕고 있습니다. 얼음 거북 가족이 기온이 약 -120°C인 행성으로 여행을 가려 한다면 어느 곳을 추천해야 할까요? 아래 행성 목록에서 알맞은 목적지를 찾아보세요.

- 미노트로피아 : 노바테라보다 20도 더 더워요.
- 스퀴크 : 노바테라보다 140도 더 추워요.
- 글라쿨리아 : 노바테라보다 160도 더 추워요.
- 이그노폴리스 : 노바테라보다 180도 더 더워요.
- 섹터 Ⅲ : 노바테라보다 120도 더 추워요.
- 올림피아 : 노바테라보다 20도 더 추워요.

정답 : 얼음 거북 가족에게 추천하기 아주 좋은 곳은 섹터 Ⅲ이에요. 왜냐하면 기온이 약 -120°C로 얼음 거북이 생활하기에 알맞기 때문입니다.

제6과
곱셈의 달인이 되자

이번에는 곱셈을 배워 봅시다. 곱셈을 덧셈으로 생각해 볼게요. 은하계 회담에 참석한 여러분이 점심 식사를 즐기고 있어요. 회담에 참석한 7명의 대사가 각각 4개의 샌드위치를 먹는다면, 샌드위치의 총 개수는 얼마일까요? 4가 7개이므로 4+4+4+4+4+4+4, 28개예요. 4를 7번 더하려면 시간이 오래 걸리므로 간단히 4 곱하기 7은 28이라고 하는 게 더 쉽지요. **곱하는 순서는 중요하지 않아요. 답이 늘 같으니까요.** 그래서 4명의 대사가 각각 7개의 샌드위치를 먹어도 샌드위치의 총 개수는 28개지요. 그뿐이에요. 하지만 구구단을 꼭 알아야 하지요! 구구단을 알면 곱셈이 쉽거든요. 훨씬 어려운 곱셈도 거뜬히 계산할 수 있는 몇 가지 팁도 있답니다.

구구단 표를 이용해 1과 10 사이에 있는 두 수를 곱하세요. 3×4가 얼마인지 알고 싶다면, 3의 가로줄과 4의 세로줄이 만나는 곳을 찾으면 돼요. 바로 12랍니다.

혹시 7×8=56을 기억하기 어렵다면, 이렇게 생각해 보세요
: 56=7×8, 또는 5, 6, 7, 8!

구구단 표에서 5단에 있는 모든 수는 5나 0으로 끝나요.

6단에서 10까지의 짝수를 곱할 때 알아 두면 좋을 규칙이 있어요.

2×6=12
4×6=24
6×6=36
8×6=48

깜짝 퀴즈

숫자를 곱하는 순서는 중요하지 않아요. 1×2×3×4는 4×3×2×1과 같답니다! 계산기로 직접 확인해 보세요!

간단한 곱셈

여러분은 325대의 우주선으로 이루어진 4개의 함대를 지휘하고 있어요. 우주선은 모두 몇 대일까요?

1. 큰 수를 위에, 작은 수를 아래에 적은 다음 일의 자리부터 곱하세요. 5×4=20이에요. 일의 자리에 0을 적고, 십의 자리 아래쪽에 2를 적어요.

```
  백 십 일
  3  2  5
×       4
─────────
        0
     2
```

2. 이제 십의 자리를 계산힐 거예요. 2와 4를 곱하면 8이 되지요. 그런 다음 아래쪽에 적어 둔 2와 8을 더해요. 그러면 10이 되므로, 십의 자리에 0을 쓴 뒤 1은 백의 자리 아래쪽에 두세요.

```
  백 십 일
  3  2  5
×       4
─────────
     0  0
  1  2
```

3. 마지막으로, 백의 자릿수 3을 4와 곱해요. 3×4는 12이므로 아래쪽에 적어 둔 1과 더하면 13이 되지요. 3은 백의 자리에 두고 1은 천의 자리로 옮겨요. 따라서 정답은 1300이랍니다. 잘했어요! 각자 자신에게 금색 별을 하나씩 주세요!

```
천 백 십 일
   3  2  5
×         4
───────────
1  3  0  0
   1  2
```

긴 곱셈

두 자리가 넘는 두 수의 곱은 조금 복잡해요. 만약 여러분이 각각 325대의 우주선을 가진 23개의 함대를 지휘한다면, 우주선은 모두 몇 대일까요? 우선 325×3과 325×20을 계산한 다음, 두 값을 더하면 된답니다.

1. 먼저 325×3을 계산하세요.

```
  백 십 일
  3  2  5
×       3
─────────
  9  7  5
     1
```

2. 이제 325×20을 계산할게요. 325에 몇 십이라는 수(20은 10이 2개인 수)를 곱하므로 일의 자리에 0을 쓰세요. 그리고 5×2를 계산하면 10이 나와요. 십의 자리에 0을 적고 백의 자리 아래쪽에 1을 쓰세요. 그런 다음, 2×2를 계산하면 4가 되므로 아래쪽에 적어 둔 1을 더해 백의 자리에 5라고 적으세요. 그러면 남아있는 3×2를 계산해 천의 자리에 6이라고 쓰세요.

```
천 백 십 일
   3  2  5
×     2  0
───────────
6  5  0  0
   1
```

3. 이제 두 식의 곱셈 결과를 더해요. 우주선은 총 7,475대랍니다. 만세!

```
천 백 십 일
   3  2  5
×     2  3
───────────
      9  7  5
+  6  5  0  0
───────────
7  4  7  5
   1
```

제7과
빠른 곱셈

손가락 곱셈

자, 이제는 제가 훈련생 여러분들에게 아주 쓸 만한 팁을 알려줄 차례군요. 곱셈을 배웠더니 블랙홀 주위를 빙빙 도는 것처럼 머리가 어지러운가요? 저도 계산이 까다로우면 머리가 멍해져요. 하지만 다행히 저에게는 비장의 무기가 있답니다!

숫자를 셀 때 손가락을 쓰면 편리하죠. 하지만 손가락으로 곱셈도 할 수 있다는 걸 알고 있나요? 간단한 규칙만 알면 6단에서 9단까지의 구구단을 쉽게 기억할 수 있답니다.

우선, 양손 손가락에 번호가 쓰여 있다고 상상해 보세요. 가장 작은 새끼손가락은 6번이고, 맨 앞에 있는 엄지손가락은 10번이랍니다.

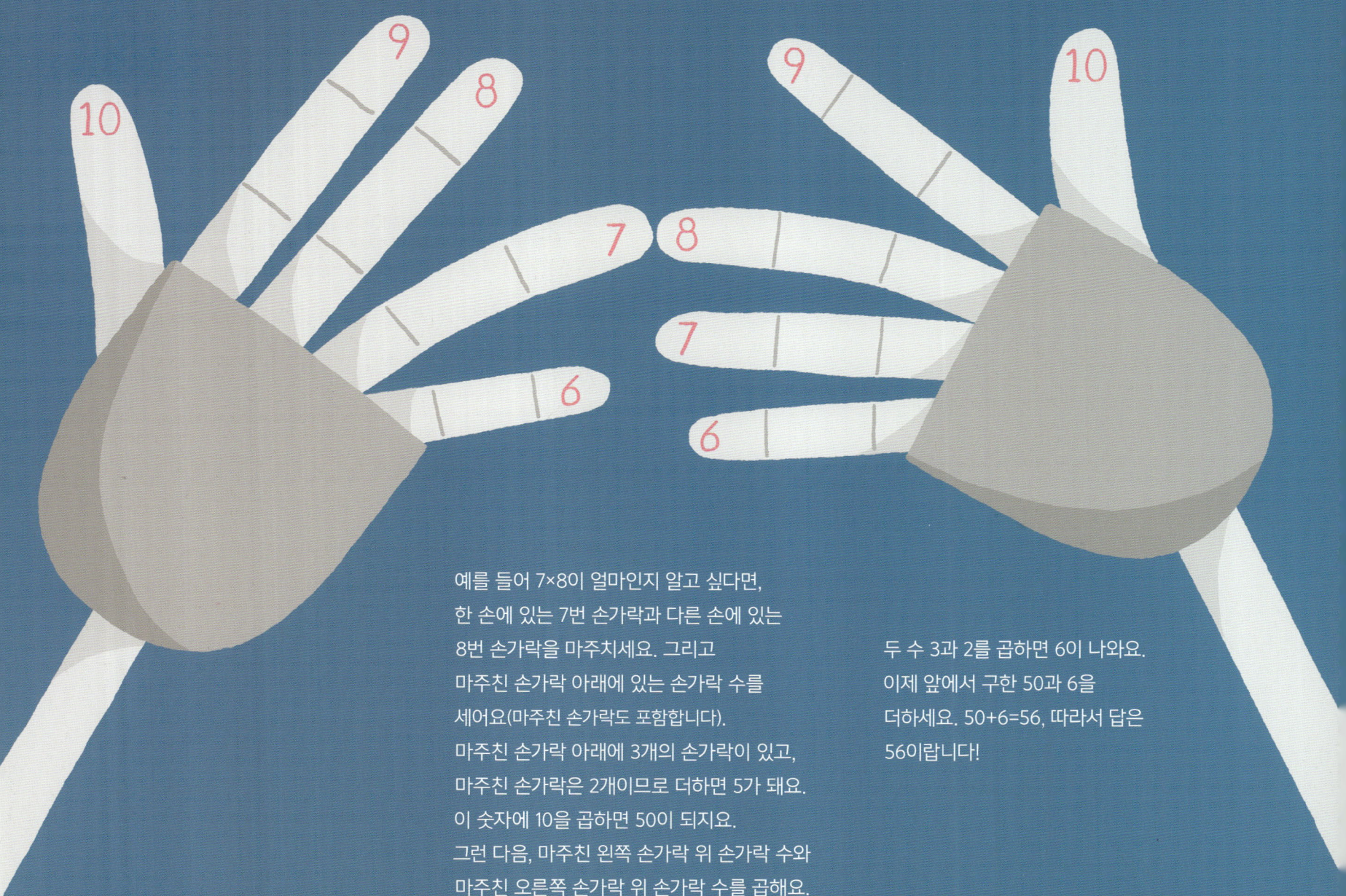

예를 들어 7×8이 얼마인지 알고 싶다면, 한 손에 있는 7번 손가락과 다른 손에 있는 8번 손가락을 마주치세요. 그리고 마주친 손가락 아래에 있는 손가락 수를 세어요(마주친 손가락도 포함합니다). 마주친 손가락 아래에 3개의 손가락이 있고, 마주친 손가락은 2개이므로 더하면 5가 돼요. 이 숫자에 10을 곱하면 50이 되지요. 그런 다음, 마주친 왼쪽 손가락 위 손가락 수와 마주친 오른쪽 손가락 위 손가락 수를 곱해요.

두 수 3과 2를 곱하면 6이 나와요. 이제 앞에서 구한 50과 6을 더하세요. 50+6=56, 따라서 답은 56이랍니다!

초고속으로 9단을 외우는 손가락 묘기

이번에는 구구단 9단을 외우는 간단한 방법을 소개할게요. 열 손가락에 1에서 10까지의 번호가 쓰여 있다고 상상해 보세요. 4×9의 값을 알고 싶다면, 우선 4번 손가락의 왼쪽에 있는 손가락 수를 세어요. 3개지요. 그러고 나서, 4번 손가락 오른쪽에 있는 손가락 수를 세요. 6개지요. 이제 두 수를 모아요. 바로 36이랍니다!

그리고 9단에 있는 숫자끼리 더하면 항상 9라는 사실을 알고 있나요? 2×9=18이므로 1+8=9처럼요. 마찬가지로 3×9=27이므로 2+7=9랍니다. 어때요, 꽤 쓸모 있죠?

이상하지만 사실이에요

111,111,111×111,111,111=12,345,678,987,654,321
이 값은 거꾸로 읽어도 똑같아요! 훨씬 작은 숫자로도 확인할 수 있어요. 예를 들어 1111×1111=1234321이랍니다.

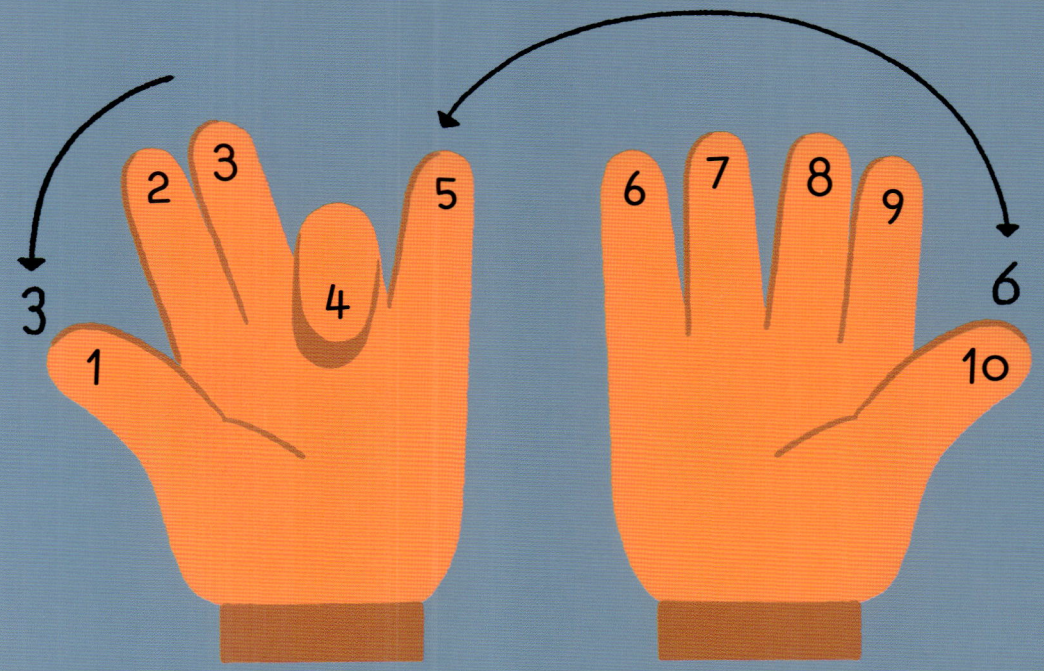

11 곱하기

11단은 식은 죽 먹기예요! 2 곱하기 11은 22, 3 곱하기 11은 33, 4 곱하기 11은 44…. 정말 쉽죠! 하지만 10보다 큰 수에 11을 곱하면 어떻게 될까요? 예를 들어 43×11은 얼마일까요?
윗단 각 자리의 수를 더한 다음(4+3=7), 그 값을 43 가운데에 넣으면 된답니다(473). 하지만 두 수의 합이 10을 넘을 때는 어떻게 할까요? 67×11의 경우, 6과 7을 더하면 13이 돼요. 그런 다음 67 가운데에 3을 넣고, 첫 번째 숫자에 1을 더하세요. 따라서 답은 737이랍니다.

깜짝 퀴즈

스플로지는 전망대에 있는 유리창 6개를 1분 안에 청소할 수 있어요. 그렇다면 7분 동안 얼마나 많은 유리창을 닦을 수 있을까요? 손가락 곱셈으로 답을 구해 보세요.

정답 : 스플로지는 7분 안에 곧 유리창 42개를 청소할 수 있답니다.
6×7=42니까요.

제8과
나눗셈 다루는 법

이번 수업은 용맹한 함장인 제가 여러분이 종종 당황스러워하는 나눗셈의 세계로 안내할 차례입니다. 우리가 힘을 모으면 고도로 훈련된 우주 경비대가 블랙 히드라를 잽싸게 해치우듯, 골치 아픈 나눗셈 계산을 아주 쉽게 해결할 수 있을 테니 잘 따라오세요.

자, 나눗셈이란 무엇일까요? **그냥 나누기라 생각하면 됩니다.** 제가 20개의 메달을 5명의 훌륭한 장교들에게 똑같이 수여한다고 할게요. 각 장교가 받는 메달의 몫은 20을 5로 나눈 값, 즉 4개입니다. 이렇게 쓰면 될 것 같군요.

$$5\overline{)20}\;\;^{4}$$

사랑스러운 나머지

제게 20개의 메달 대신 23개의 메달이 있다고 해볼게요. 각 훈련생은 여전히 4개의 메달을 받겠지만, 3개의 메달이 남습니다. 이 값이 바로 '나머지'예요. 따라서 23을 5로 나누면 몫은 4이고 나머지는 3이라고 한답니다.

머릿속으로 나누기

나눗셈을 잘하는 비결은 **나눗셈이 곱셈의 반대라는 걸 떠올리는 거예요.** 구구단을 외우고 있다면 훨씬 도움이 되겠죠. 20÷5의 경우, 5×4가 20이므로 20에는 4가 5번 포함되어 있답니다. 따라서 20을 5로 나누면 값은 4가 되지요. 63÷9을 계산할 때도 9×7=63이라는 걸 기억하세요. 그러면 정답은 7이 된답니다.

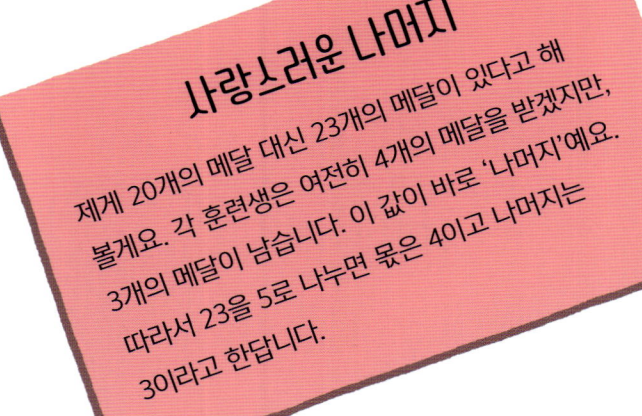

쓰면서 계산하기

나눗셈에 익숙해지려면 때로는 종이에 쓰면서 계산해야 해요. 아스트로 아카데미 훈련생들이 노바테라 행성으로 현장 학습을 간다고 상상해 봅시다. 총 540명의 훈련생이 있고, 각 수송기는 12명의 학생을 태울 수 있어요. 학생 540명을 모두 태우려면 수송기는 몇 대 필요할까요?

이 문제는 나눗셈을 변형한 계산 문제랍니다! 답을 알아내려면 540을 12로 나누어야 해요.

1. 덧셈과 뺄셈 그리고 곱셈에서는 항상 일의 자리부터 계산하지만, **나눗셈에서는 가장 큰 자릿수에서 시작해야 해요!** 이 계산은 백의 자리부터 나눠야 하지요. 따라서 5 안에 12가 몇 번 포함되는지부터 계산합니다.

다음 규칙을 기억하세요.

- 나눗셈은 왼쪽부터 시작해요.
- 한 번에 한 자리씩, 큰 수로 나누어요.
- 왼쪽 나누는 수가 오른쪽 나눠지는 수의 가장 큰 자릿수로 딱 나누어 떨어지지 않으면, 그 나머지는 오른쪽 다음 큰 자릿수와 합쳐요.
- 왼쪽 나누는 수가 오른쪽 나눠지는 수의 가장 큰 자릿수로 아예 나뉘지 않으면, 그 위에 0을 적은 뒤 오른쪽 가장 큰 자릿수와 다음 큰 자릿수를 합쳐 나눠요.

2. 5 안에 12가 포함되지 않는다는 건 금방 알 수 있어요. 12라는 수가 너무 크니까요. 그래서 맨 위에 0을 적은 뒤, 5를 오른쪽 위로 옮겨요.

3. 이제 십의 자리로 옮겨 12가 54 안에 몇 번 포함되는지 알아내야 합니다. 12단을 알고 있다면 12×4=48이라는 걸 기억하겠지요. 따라서 12는 54에 4번 포함되고, 나머지는 6이랍니다. 위에 4를 쓰고, 6은 오른쪽 위로 옮기세요.

깜짝 퀴즈

여러분은 지금 장비실을 정리하고 있어요. 275벌의 우주복을 옷걸이 11개에 깔끔하게 걸어야 하지요. 각 옷걸이에 같은 수의 우주복을 걸어야 한다면 옷걸이마다 몇 개의 우주복을 걸 수 있을까요?

4. 일의 자리로 넘어가면 12가 60 안에 몇 번 포함되는지 계산해야 해요. 12단에서 12×5=60을 알 수 있으므로 답은 5지요. 5를 위쪽에 쓰고 나면 이 문제의 정답이 바로 보일 거예요. 우리가 540명의 훈련생을 노바테라로 데리고 가려면 총 45대의 수송기가 필요하답니다.

정답: 각 옷걸이에 우주복 25벌씩 걸어야 해요.

$$11 \overline{)275} \\ 025$$

제 9 과
나눗셈을 더 쉽게 하는 방법이 있을까?

함장님이 여러분의 나눗셈 실력을 시험하고 있군요. 잘 되고 있나요? 걱정하지 마세요. 나눗셈을 쉽게 할 수 있는 몇 가지 간단한 방법이 있거든요.
이 요령들을 배우면 머지않아 수많은 나눗셈 문제를 머릿속으로 해결할 수 있답니다.

80 ÷ 16

40 ÷ 8

10, 100 또는 1,000으로 나누기

10으로 어떤 수를 나눈 값을 찾으려면 자릿수를 오른쪽으로 한 자리만 옮기면 돼요. 예를 들어 70을 10으로 나누려면 십의 자리에 있는 7을 일의 자리로 옮겨요. 그러면 답은 곧 7이랍니다. 90÷10=9, 460÷10=46, 2000÷10=200도 마찬가지예요.
100으로 나눈다면 숫자를 오른쪽으로 두 자리 옮기면 되고, 1000으로 나눈다면 오른쪽으로 세 자리 옮겨요. 따라서 300÷100=3, 18000÷1000=18이에요. 정말 간단하죠!

잽싸게 나누기

나눗셈을 단순히 나누는 거라고 생각할 수도 있지만, 숫자를 잽싸게 줄인다고 생각해도 돼요. **만약 나뉘는 수와 나누는 수가 모두 짝수라면 두 수를 반으로 잘라 재빨리 계산할 수 있답니다.**

80÷16의 경우, 두 수를 모두 2로 나눠요(반으로 나누는 것과 같죠). 그러면 나누기가 훨씬 쉬운 40÷8로 바뀌어요. 두 수가 여전히 짝수군요. 그러면 다시 두 수를 각각 2로 나눠 볼까요? 40÷8은 20÷4가 되고 다시 2로 나누면 10÷2, 즉 5가 돼요. 이제 80÷16의 답을 찾았나요? 80÷16은 바로 5와 같답니다!

나뉘는 수와 나누는 수 모두 똑같이 2로 나눠야 한다는 걸 기억하세요. 그러면 나눗셈이 꽤 쉬워질 거예요.

깜짝 퀴즈

여러분의 광선총으로 96÷24를 잽싸게 계산해 볼까요? 답을 바로 알아낼 만큼 간단해질 때까지 두 수를 2로 계속 나누세요.

정답 : 두 수를 2로 나누면 96÷24=48÷12가 되고, 또 2로 나누면 24÷6, 다시 2로 나누면 12÷3이 됩니다. 답은 4랍니다.

3으로 나누기

어떤 수를 3으로 나눌 수 있는지 확인하는 아주 쉬운 방법이 있어요. **각 자릿수를 모두 더해 3으로 나눌 수 있다면 전체 숫자를 3으로도 나눌 수 있지요.** 156의 경우, 1+5+6을 하면 12가 돼요. 12는 구구단 3단에 있으므로 156은 3으로 나눌 수 있답니다. 멋지죠?

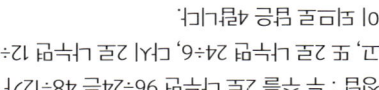

잽싸게 나누는 또 다른 방법

가끔 어떤 수의 일부만 재빨리 나누고 싶을 때가 있을 거예요. 156÷3을 생각해 볼게요. 머릿속으로 이 값을 찾는 게 쉽지 않아 보이지만, 156을 3으로 쉽게 나눌 수 있는 작은 덩어리로 쪼개면 돼요. 156이 150+6이라는 건 다들 알겠죠? 게다가 두 숫자 모두 3으로 나누기 쉬워요. 150÷3=50이고, 6÷3=2지요. 따라서 156÷3=50+2=52랍니다.

깜짝 퀴즈

각 자릿수를 더해 3으로 나눌 수 있는 수는 다음 중 무엇일까요?

747

2005

942

68

정답 : 747과 942는 모두 3으로 나눌 수 있어요.

제10과
숫자 묘기

여기 있었군요, 훈련생 여러분! 저는 지금 기계실로 내려가는 길이에요. 내려가는 동안 뛰어난 재능을 가진 독일 수학자 칼 프리드리히 가우스에 관해 얘기하려고 해요. 가우스는 역사상 가장 위대한 수학자 중 한 명일 거예요. 가우스가 수학 선생님을 당황하게 했던 유명한 일화가 있어요. 어느 날, 수학 선생님이 학생들에게 1에서 100까지 더한 값을 구하라는 문제를 냈고, 선생님은 학생들이 그 값을 얻는 데 꽤 오래 걸리리라 예상했지요. 하지만 불과 몇 분 후, 8살 소년 가우스가 5050이라는 답을 외치자 선생님은 깜짝 놀랐답니다!

가우스는 어떻게 답을 찾았을까요? 1+2+3+4+5+6…+100까지 계속 더하는 대신, 숫자를 서로 짝지어 더했거든요. 첫 번째 숫자와 마지막 숫자, 두 번째 숫자와 끝에서 두 번째 숫자, 세 번째 숫자와 끝에서 세 번째 숫자 등을 서로 짝지어 더하면 다음과 같아요. 1+100=101, 2+99=101, 3+98=101…. 이처럼 서로 짝을 지은 숫자의 합은 각각 101이랍니다. 서로 짝을 지으면 모두 몇 쌍이 될까요? 잠깐만 생각해 보면 총 50쌍이라는 걸 알 수 있을 거예요. 이제 50에 101을 곱하면 되지요. 따라서 5050이라는 답을 얻을 수 있답니다. 참 똑똑한 가우스죠!

정말 멋진 건 이 방법이 1부터 100까지의 합에만 통하는 게 아니라, 1부터 어느 숫자까지의 합을 구할 때도 사용할 수 있다는 거예요! **첫 번째 숫자와 마지막 숫자를 더한 다음, 이 합을 마지막 숫자의 절반과 곱하면 된답니다.**

깜짝 퀴즈

가우스의 방법으로 1부터 10까지 더할 수 있나요? 이번에는 1에서 50까지 더해 봅시다.

정답 : 1에서 10까지 더하면 55예요. 첫 번째 숫자와 마지막 숫자를 더하면 1+10=11이지요. 이제 10의 절반인 5를 곱하세요. 11에 5를 곱하면 55가 됩니다. 1부터 50까지 더하면 1275예요. 1+50=51이므로 50을 2로 나눈 값인 25를 곱하여, 51×25=1275랍니다.

숫자 예상하기

친구에게 두 자리 숫자를 생각하고 몰래 적어 두라고 하세요. 그런 다음 두 자릿수의 합이 얼마인지 물어보세요. 만약 친구가 59를 생각했다면, 각 자릿수의 합은 14겠지요. 그러면 여러분은 머릿속에서 그 수에 11을 곱해요(7과에서 배운 빠른 곱셈법을 쓰면 돼요). 이 값은 비밀 숫자로 여러분만 알고 있으면 돼요. 이 경우에는 154가 된답니다.

친구에게 몰래 적어 둔 수를 뒤집어 처음 숫자 아래에 뒤집은 숫자를 쓰라고 하세요. 이제 친구가 두 수를 더해야 해요. 처음 숫자가 59라면, 뒤집은 숫자는 95겠지요. 59와 95를 더하면 154가 되고요. 이제 여러분이 예상한 숫자를 말하고 수학 실력을 한껏 뽐내 보세요!

숫자 맞추기

숫자를 맞추는 또 다른 묘기가 있어요. 어떻게 맞추는지 잘 보세요. 우선 숫자 하나를 생각해요. 그런 다음 2를 곱해요. 그리고 8을 더해요. 그러고 나서 2로 나눠요. 이제 처음에 생각한 수를 빼요. 그 답은 항상 4랍니다!

왜 그럴까?

이건 아주 놀랍도록 간단한 속임수예요. 여러분이 잘 이해할 수 있도록 우주 동전으로 상상해 볼게요. 그리고 제가 여러분에게 동전을 넣을 가방을 건넬게요. 물론 저는 여러분이 동전을 얼마나 넣을지 알 수 없어요.

여러분이 숫자 하나를 생각한 뒤, 그만큼의 동전을 가방에 넣어요!

그 값에 2를 곱해요.

8을 더하고

2로 나눠요.

마지막으로 처음에 생각한 숫자를 빼요. 그 수를 뺀다는 건 가방이 사라진다는 뜻이지요. 따라서 답은 항상 4가 된답니다.

정말 간단하죠!

제11과
소수란 무엇일까?

모두 주목해 주세요. 여러분에게 아주 특별한 숫자를 가르칠 차례가 되니 우리도 몹시 들뜨는군요. 여러분이 배울 숫자는 바로 소수랍니다. 수학자들은 수천 년 동안 이 불가사의한 숫자에 고개를 갸웃거리며 혼란스러워했어요. 대체 소수란 무엇일까요?

소수는 1 또는 자기 자신으로만 나누어떨어지는 수랍니다.

몇몇 소수를 소개하자면 2, 3, 5, 7, 11, 13, 17, 19, 23, 29 등이에요. 사실 2000년 훨씬 전에, 고대 그리스의 수학자 유클리드가 소수에 끝이 없다는 걸 증명했지요. **소수는 무한해요.** 이상하게도 소수는 어떤 뚜렷한 규칙을 따르지 않아요. 수직선 위에 아무렇게나 흩어져 있거든요. 엄청나게 큰 수는 컴퓨터가 없으면 소수인지 아닌지 구별하기도 어려워요. 수백 년 전, 수학자들은 숫자 1이 소수인지 아닌지 논쟁을 벌였어요. 요즘은 대부분 1이 소수가 아니라는 데 동의하지요! 소수를 구별하는 몇 가지 유용한 규칙을 알아 볼게요.

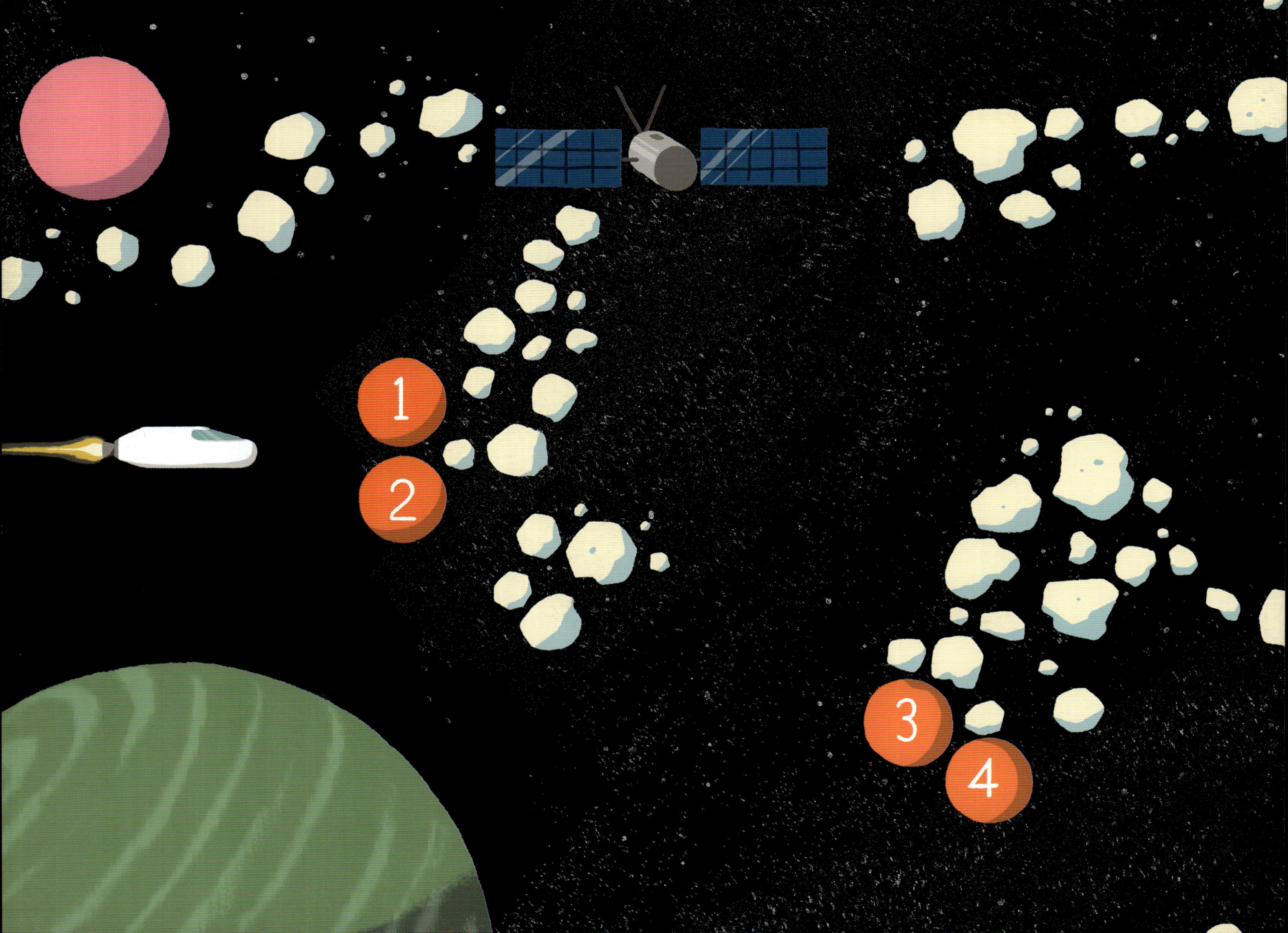

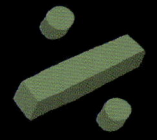
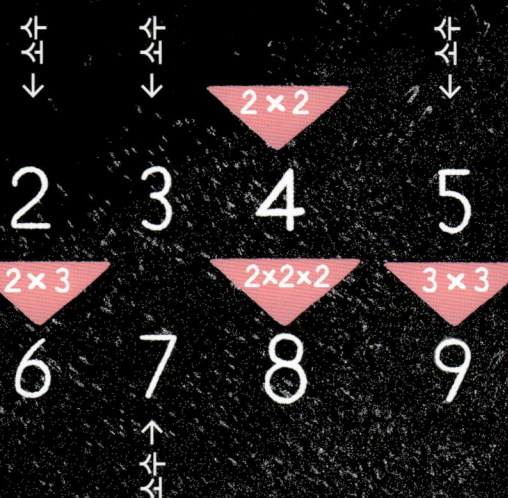

- 짝수 소수는 2뿐이에요(다른 짝수는 모두 2로 나눌 수 있으므로 소수가 아니랍니다).

- 2와 5를 제외한 모든 소수는 1, 3, 7, 또는 9로 끝나요. 하지만 1, 3, 7, 9로 끝나는 모든 수가 소수는 아니지요(예를 들어 33은 소수가 아니에요. 3과 11로 나눌 수 있으니까요).

- 2보다 큰 짝수는 소수 2개의 합으로 나타낼 수 있어요. 짝수 12는 5와 7의 합으로 나타낼 수 있지요. 5와 7은 둘 다 소수랍니다.

- 1보다 큰 숫자와 그 숫자에 2를 곱한 값 사이에는 항상 소수가 있어요. 직접 해 보세요.

- 지금까지 발견된 가장 큰 소수는 자릿수가 2200만 자리가 넘어요! 더 많은 소수가 발견되길 기다리고 있답니다.

- 1보다 큰 수는 소수이거나 소수끼리 곱해 만들 수 있어요. 여기를 보세요.

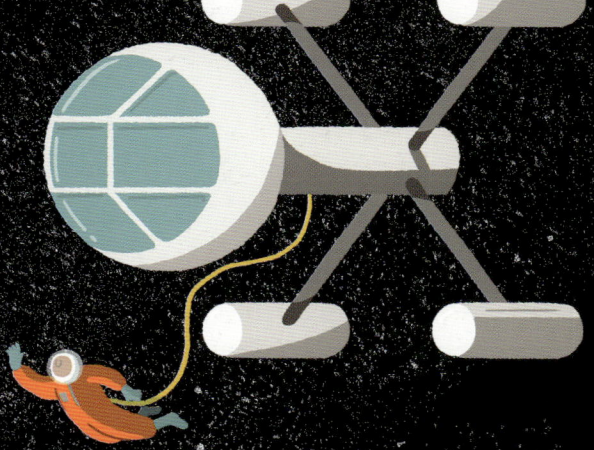

이처럼 소수는 수학을 떠받치는 기둥과 같아요. 그래서 수학자들이 소수를 무척 사랑한답니다.

깜짝 퀴즈

우주 탐사선 스페이스 주머가 소행성 지대를 항해하고 스타십 인피니티호로 돌아올 수 있도록 소수를 따라가 보세요.

정답 : 소수 2, 3, 5, 7을 따라가면 된답니다.

제12과
제곱수와 제곱근

이제 소수에 대해 모두 배웠습니다. 이번에는 다른 종류의 숫자를 배울 차례예요. 골치 아픈 소수보다 훨씬 더 깔끔한 숫자죠. 바로 제곱수랍니다. **제곱수는 같은 수를 곱해서 얻는 숫자예요.** 2 곱하기 2는 4이므로, 4는 제곱수지요. 3 곱하기 3은 9이므로 9도 제곱수랍니다.

제곱수는 정사각형으로 불려요. 제곱수를 도형으로 나타내면 완벽한 정사각형 모양이 되거든요. 생태 기지의 온실 창문을 보면 무슨 뜻인지 알 수 있을 거예요.

제곱수를 숫자로 나타내려면 숫자 위에 작은 글씨로 2라고 쓰면 돼요. 따라서 5^2은 5×5이라는 뜻이고, 그 값은 25랍니다.

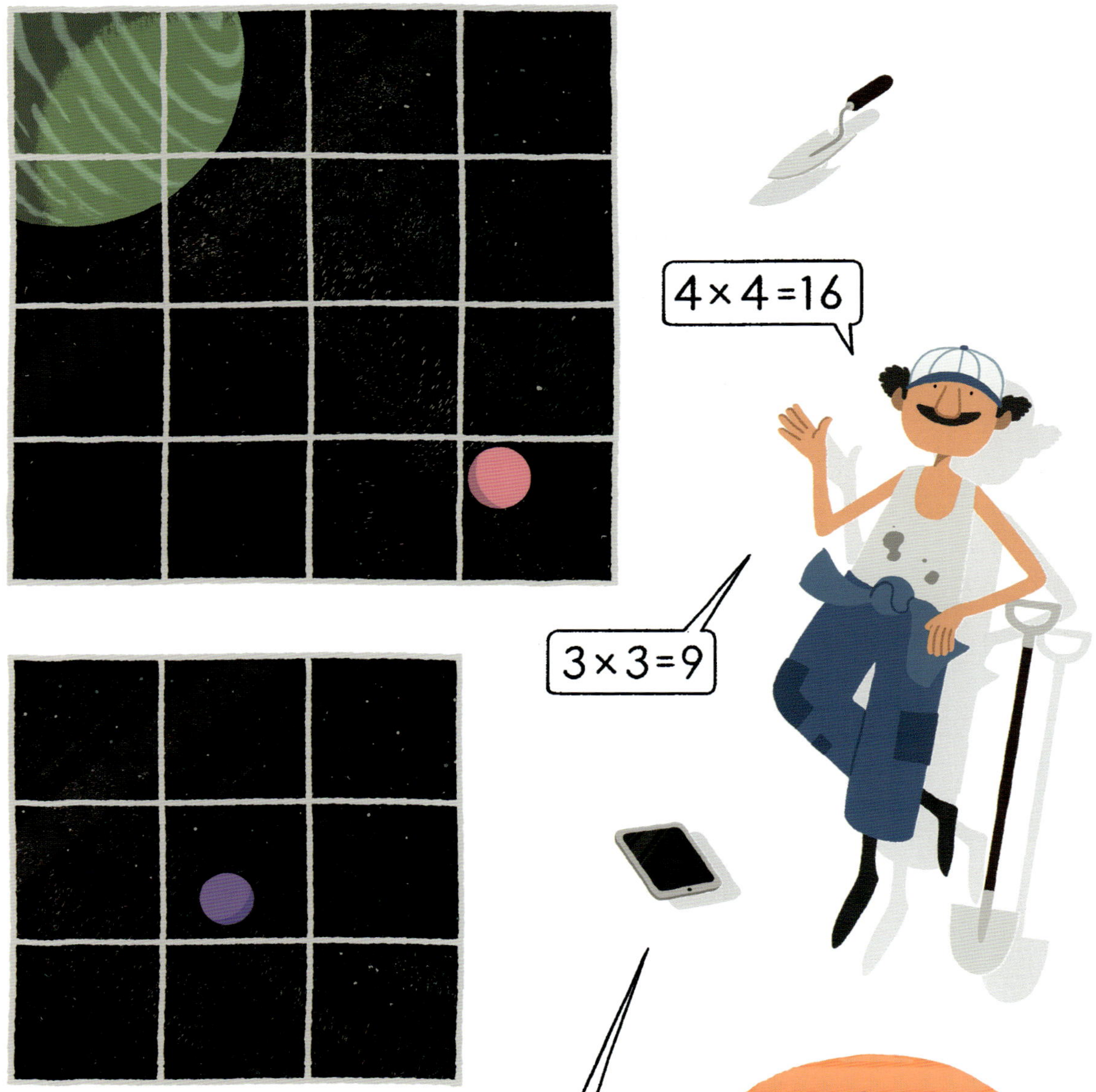

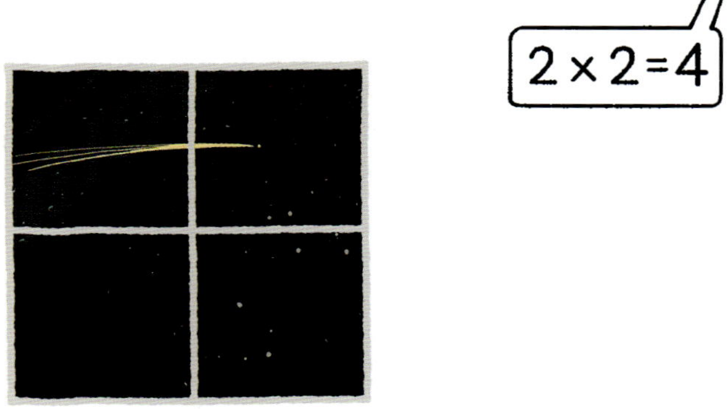

제곱수를 계산하는 비법

5로 끝나는 두 자릿수를 머릿속으로 제곱하는 교묘한 방법을 알려 줄게요. 15의 제곱을 구해 봅시다. 우선 십의 자리 숫자와 그보다 1이 큰 수를 곱해요. 15의 경우에는 1과 2를 곱하면 되지요. 즉 1×2=2예요. 그런 다음, 마지막에 25만 붙이면 된답니다. 따라서 15의 제곱은 225랍니다. 정말 간단하죠!

4 × 4 = 16

3 × 3 = 9

2 × 2 = 4

깜짝 퀴즈

제곱수 계산 비법으로 35의 제곱을 머릿속으로 계산할 수 있나요? 답을 구하고 나면 계산기로 확인해 보세요.

정답 : 35의 제곱은 1225입니다. 이렇게 하면 돼요. 3×4=12, 그리고 마지막에 25를 붙이면 1225가 나옵니다.

제곱근이란 무엇일까요?

생태 기지에서 자라고 있는 채소들을 한번 보세요. 땅 위에는 제곱수가 적힌 정사각형 채소가 심겨 있고, 땅 아래에는 제곱수의 뿌리가 있지요. **제곱근은 바로 제곱수를 만드는 숫자랍니다.**

실생활에 쓰이는 제곱근

솔직히 말해 볼게요. 왜 제곱근을 구해야 하는 걸까요? 제곱수는 여기저기서 불쑥 자라나요! 여러분이 새로운 행성에 착륙했다고 상상해 보세요. 그리고 연구 기지를 세울 400제곱미터의 땅을 표시하라는 지시를 받았어요(67쪽 참조). 그만한 넓이가 얼마나 될지 상상하기 어렵겠죠? 제곱근을 알면 400의 제곱근이 20이라는 걸 알 수 있어요. 20×20=400이니까요. 따라서 정사각형 모양의 연구 기지를 세우려면 각 변의 길이는 20미터가 되어야 한답니다.

제곱근 찾기

제곱근을 찾는 건 까다롭기 때문에 계산기를 쓰는 게 편리해요. 계산기를 보면 이러한 모양(√)의 버튼이 있을 거예요. 이게 바로 제곱근을 구하는 버튼이지요. 이 버튼을 누르고 숫자를 누르면 원하는 제곱근 값이 나와요. 하지만 계산기 없이 제곱근을 구하는 방법도 있어요. 제곱근을 알고 싶은 수가 0이 될 때까지 홀수(1, 3, 5, 7 등)를 차례대로 뺀 다음, 홀수를 뺀 횟수를 세면 돼요. 49의 제곱근을 찾으려면 다음과 같이 하면 된답니다.

49-1=48
48-3=45
45-5=40
40-7=33
33-9=24
24-11=13
13-13=0

총 7개의 홀수를 뺐으므로 49의 제곱근은 7이랍니다.

제13과
신기한 삼각수

연구소에 온 걸 환영합니다! **이번에는 삼각형을 만드는 숫자, 즉 삼각수를 배울 차례예요.** 외계 생명체 퍼볼이 수업을 도와줄 거예요. 우선 삼각수에는 규칙이 있답니다. 첫 번째 삼각형은 퍼볼 1개로 이루어져 있어요. 솔직히 몸집이 너무 작아 삼각형처럼 보이지 않지요. 두 번째 삼각형은 퍼볼 2개가 더 늘어나 퍼볼의 개수는 1+2=3이 됐어요. 세 번째 삼각형은 퍼볼 3개로 이루어진 줄이 하나 더 늘어나 퍼볼의 총 개수는 3+3=6이 되었답니다.

네 번째 삼각형은 퍼볼 4개로 이루어진 줄이 하나 더 늘었어요. 따라서 6+4=10이지요. 이런 방법으로 다섯 번째 삼각형은 5개의 퍼볼이 늘어 퍼볼의 총 개수가 15가 되고, 여섯 번째 삼각형은 6개가 더 늘어나 총 개수가 21이 됩니다. 어때요, 규칙이 보이나요?

삼각수를 계산하는 간단한 방법이 있어요. 10과에서 배운 1에서 100까지의 수를 더할 때와 같은 방법이지요. 네 번째 삼각수는 4의 절반에 5를 곱한 수이고, 다섯 번째 삼각수는 5의 절반에 6을, 여섯 번째 삼각수는 6의 절반에 7을 곱한 수예요. 그렇다면 스무 번째 삼각수는 무엇일까요? 같은 방법으로 계산해 보세요. 20의 절반에 21을 곱하면 10×21이므로 210이랍니다.

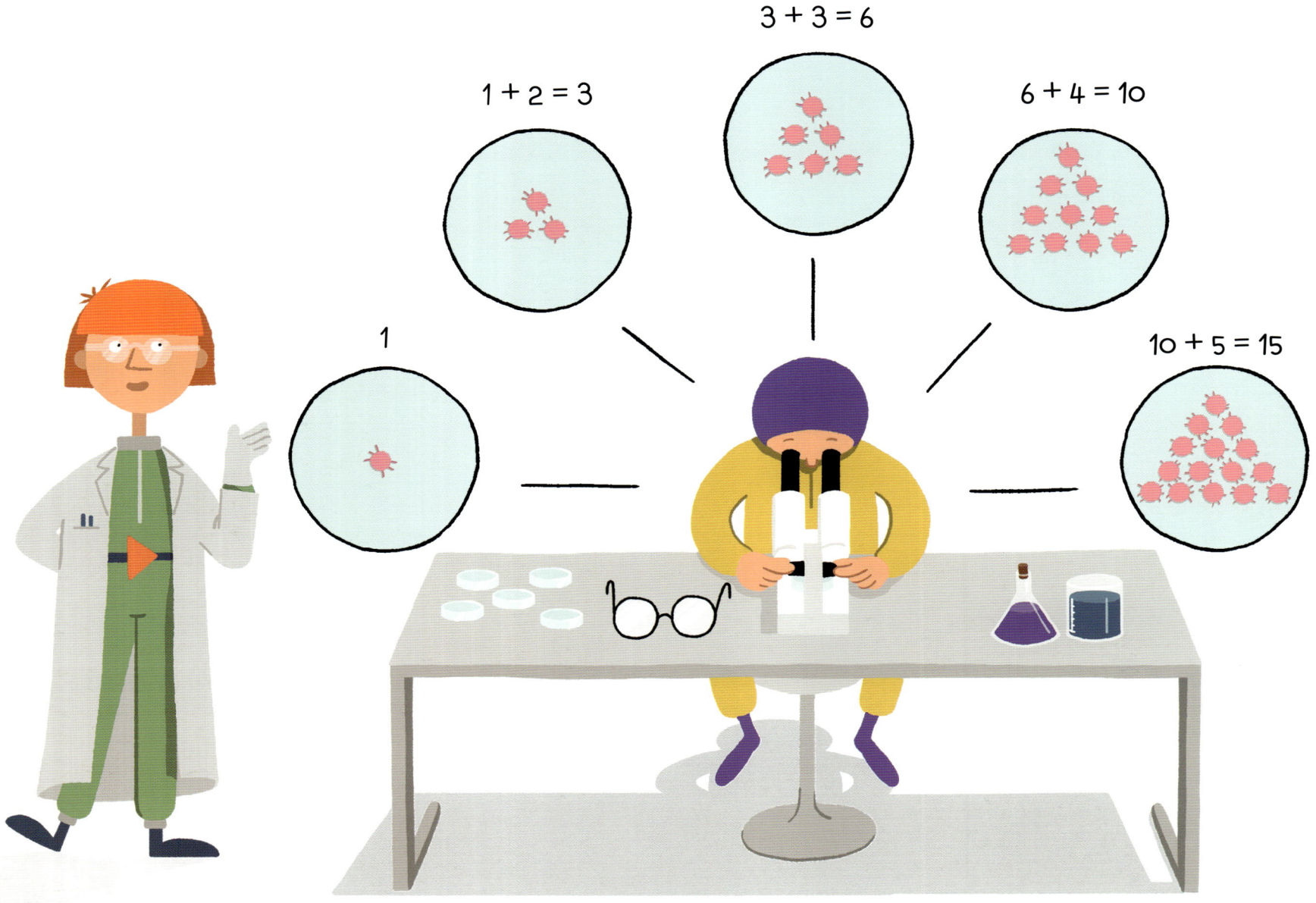

퍼볼의 총 개수를 살펴보면 삼각수의 몇몇 재미난 사실을 알 수 있어요. **우선 어느 삼각수와 그다음 삼각수를 더하면 제곱수가 된답니다.**

삼각수+다음 삼각수
=제곱수!

3 + 6 = 9

눈여겨볼 만한 또 다른 사실은 **두세 개의 삼각수만 가지고도 어떤 숫자든 만들 수 있다는 거예요.** 우리의 오랜 친구 칼 프리드리히 가우스는 겨우 19살이던 1796년에 이 사실을 발견했지요. **게다가 삼각수는 결코 2, 4, 7, 9로 끝나지 않아요.** 그러니 시도조차 하지 마세요.

10 + 15 = 25

깜짝 퀴즈

여러분이 삼각형 모양으로 늘어선 15개의 공으로 포켓볼 게임을 시작했어요. 하지만 은하계 포켓볼에서는 삼각형 아랫변에 10개의 공이 있을 만큼 많은 공을 사용할 거예요. 그렇다면 게임에 필요한 공은 몇 개일까요?

도움말 : 열 번째 삼각수를 계산하면 돼요.

정답 : 열 번째 삼각수는 10÷2×11=55이므로, 평균값 5.5에 공의 개수 10과 같은 55가 곱해집니다.

제14과
거듭제곱의 힘을 느껴 봐!

여러분이 상상할 수 있는 가장 큰 수는 무엇인가요? 종이에 한번 적어 보세요. 아마 그 수의 끝에는 0이 제법 많을 것 같군요. 그 숫자를 다 쓰려면 시간도 꽤 오래 걸리겠어요! 0이 모두 흐릿하게 보이므로 그 숫자가 얼마나 큰지 정확히 알 수 없지요. **그 엄청난 수를 모조리 적는 대신, 10의 거듭제곱이라 불리는 방법을 쓰면 돼요.** 만약 여러분이 1000을 쓰고 싶지만 0을 쓰는 게 귀찮다면, 10^3으로 쓸 수 있어요. 이 말은 '10의 3제곱'이란 뜻이지요. 10 위에 조그맣게 쓴 숫자가 '거듭제곱'이고, 이 숫자를 보면 10을 몇 번 곱해야 하는지 알 수 있어요. 따라서 10^3은 10×10×10 또는 1,000을 짧게 쓰는 방법이랍니다. 거듭제곱을 알면, 우리는 엄청나게 큰 숫자로 쓰인 아찔한 높이에 꽤 빨리 도달할 수 있어요. 준비됐나요? 그럼 안전띠를 단단히 매세요!

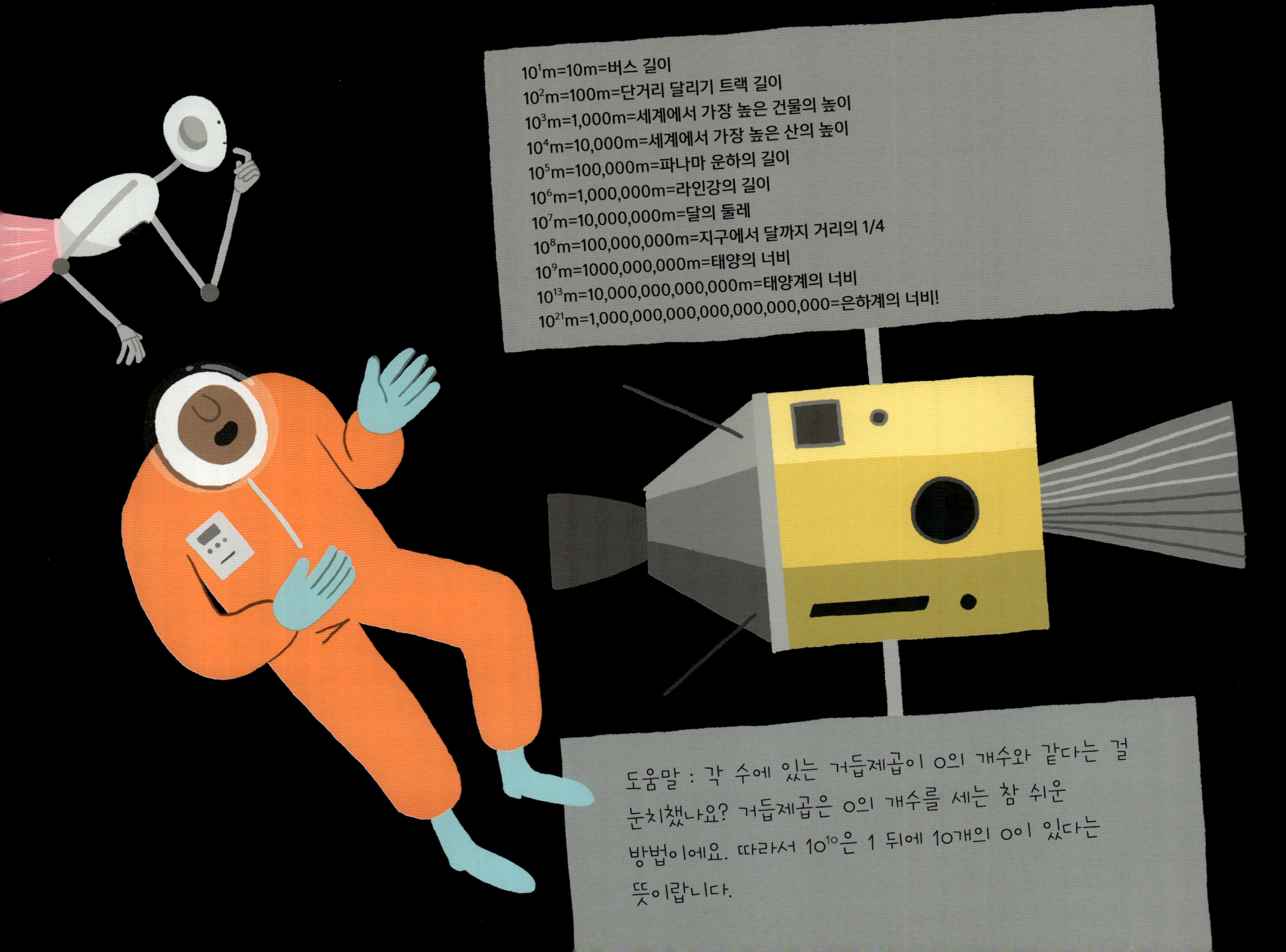

10^1m=10m=버스 길이
10^2m=100m=단거리 달리기 트랙 길이
10^3m=1,000m=세계에서 가장 높은 건물의 높이
10^4m=10,000m=세계에서 가장 높은 산의 높이
10^5m=100,000m=파나마 운하의 길이
10^6m=1,000,000m=라인강의 길이
10^7m=10,000,000m=달의 둘레
10^8m=100,000,000m=지구에서 달까지 거리의 1/4
10^9m=1000,000,000m=태양의 너비
10^{13}m=10,000,000,000,000m=태양계의 너비
10^{21}m=1,000,000,000,000,000,000,000=은하계의 너비!

도움말 : 각 수에 있는 거듭제곱이 0의 개수와 같다는 걸 눈치챘나요? 거듭제곱은 0의 개수를 세는 참 쉬운 방법이에요. 따라서 10^{10}은 1 뒤에 10개의 0이 있다는 뜻이랍니다.

10을 계속 곱하면 마침내 우리는 구골에 도달할 수 있어요. 구골은 1 뒤에 100개의 0이 있는 수이지요. 물론 그보다 더 큰 숫자도 있어요! 구골플렉스는 1 뒤에 구골 개의 0이 있는 수랍니다. 물론 이 수는 너무 까마득하게 큰 수예요. 만약 한 사람이 1초에 두 자릿수를 쓸 수 있다면, 구글플렉스를 쓰는 데는 약 $1.51×10^{92}$년이 걸릴 거예요. 이 숫자는 우주 전체의 나이보다 훨씬 더 크답니다!

세상에 얼마나 큰 숫자가 있는지 아무도 몰라요. 숫자는 무궁무진하고 영원하거든요. 여러분이 생각할 수 있는 가장 큰 숫자를 상상해 보고, 그 숫자에 10을 계속 곱해요. 무한대 저 너머까지 쭉!

아주 아주 아주 큰 숫자

여러분은 우주 전체에 아주 작은 원자가 얼마나 있다고 생각해요? 정말 많을 것 같죠? 과학자들은 10^{80}개가 있다고 믿어요. 말하자면 원자의 개수는 천조 나유타 개랍니다(놀랍게도 실제 있는 수예요).

깜짝 퀴즈

도리스 행성으로 떠나려면 100만 갤런의 로켓 연료가 필요해요. 하지만 디노미네이터 비행사가 기계실에 갔더니 연료 방출 버튼마다 낯선 라벨이 붙어 있군요! 어떤 버튼을 눌러야 할지 도와줄 수 있나요?

A) 10^3갤런   B) 10^4갤런
C) 10^5갤런   D) 10^6갤런

제15과
분수를 배우자

훈련생 여러분, 저와 함께 우주 식당에 갈까요? 이제 우리는 모든 조각을 분수로 나타낼 거예요. **분수란 전체에 대한 부분을 나타내는 수랍니다.**

동료 승무원 4명이 피자 5개를 나눠 먹고 있어요. 흠, 보아하니 각자 피자 한 판씩 먹고 나면 한 판이 남겠군요. 남은 피자는 네 조각으로 똑같이 잘라야겠어요. 이 조각이 바로 전체에 대한 부분이랍니다.

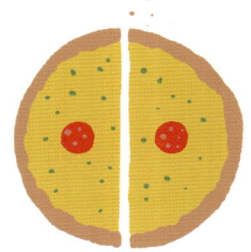  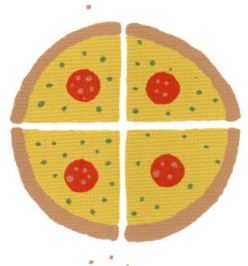 

피자를 똑같이 두 조각으로 자르면 각 조각은 절반이라 읽고, $1/2$로 써요.

피자를 똑같이 세 조각으로 자르면 각 조각은 3분의 1이라고 읽고, $1/3$으로 쓰지요.

피자를 똑같이 네 조각으로 자르면 각 조각은 4분의 1이라 읽고, $1/4$로 써요.

피자를 똑같이 다섯 조각으로 자르면 각 조각은 5분의 1이라 읽고, $1/5$이라고 쓰면 된답니다.

방금 본 대로 분수는 숫자 위에 또 다른 숫자가 있어요. 이렇게요.

맨 위에 있는 숫자는 **분자**예요. 분자는 부분을 나타내는 수지요.

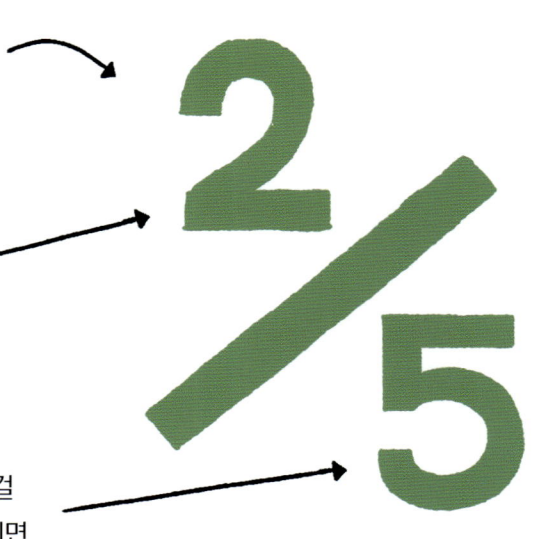

따라서 $2/5$는 5개 중의 2개를 말해요. 이 초콜릿 바는 다섯 부분으로 똑같이 나뉘어 있어요. 여기서 두 부분을 떼어 내면 $2/5$가 어느 정도인지 알 수 있답니다.

아래쪽에 있는 숫자는 **분모**예요. 분모는 전체를 말하지요. 아래쪽 숫자가 분모라는 걸 기억하려면 아기를 등에 업은 엄마를 떠올리면 된답니다.

이제 후식을 즐길 차례예요! 어떤 승무원이 가장 많은 초콜릿 바를 먹고 싶어 할까요?

> 저는 초콜릿 바 8분의 1을 먹고 싶어요.

> 저는 8분의 6을 먹고 싶어요.

> 저는 8분의 8이요.

분자가 분모보다 훨씬 작으면, 분수가 매우 작다는 뜻이예요.

분자가 분모보다 조금 작으면, 꽤 큰 분수에 속해요.

앗, 주의하세요. 분자와 분모가 **같다면,** 이 분수는 전체를 말해요. 욕심 많은 아담은 초콜릿 바를 **전부** 달라는군요!

아래에 있는 초콜릿 바를 잘 보세요. 초콜릿 바의 1/2은 2/4와 같은 크기이며, 또한 3/6과도 같아요. 같은 양을 나타내는 방법은 다양하답니다.

어려워 보이는 분수는 간단하게

분수 6/18은 복잡해 보여요. 하지만 훨씬 간단하고 익숙한 분수로 바꿀 수 있지요. 분자와 분모를 같은 숫자로 나누기만 하면 되거든요. 구구단 표를 보면 6과 18은 둘 다 6으로 나눌 수 있어요. 그럼 분자와 분모를 각각 6으로 나눠 볼게요.

$$\frac{6}{18} = \frac{6 \div 6}{18 \div 6} = \frac{1}{3}$$

따라서 6/18은 실제로 1/3과 같아요. 훨씬 낫죠!

깜짝 퀴즈

플러글위퍼들은 나이에 따라 지도자를 뽑아요. 불보는 487과 3/4살이고, 기즈모는 487과 3/5살이지요. 누가 더 나이가 많을까요?

도움말 : 도움이 필요하면 초콜릿 바로 만든 표를 보세요. 4분의 1과 5분의 1 크기를 비교할 수 있답니다.

정답 : 불보가 더 나이가 많아요. 3/4이 3/5보다 더 크거든요.

제16과
재미있는 소수

훈련생 여러분, 배워야 할 수가 아직 남았어요! 앞서 배운 소수와 이름은 같지만, 여기서 말하는 **소수는 전체에 대한 부분을 나타내는 또 다른 방법이자, 1보다 작은 자리의 값을 가진 수예요.** 우리는 1과에서 일의 자리, 십의 자리, 백의 자리를 배웠어요. 소수에서는 소수 첫째 자리, 소수 둘째 자리, 소수 셋째 자리를 배운답니다. 아래에 있는 수를 한번 보세요.

백의 자리	십의 자리	일의 자리	소수 첫째 자리	소수 둘째 자리	소수 셋째 자리
1	2	3 .	4	5	6

이 점은 소수점이라고 해요.

앞에서 살펴본 대로 각 숫자의 값은 자릿수에 따라 달라요. 숫자가 소수점 왼쪽에 있다면 전체가 되고, 숫자가 소수점 오른쪽에 있다면 전체의 부분이랍니다.

일의 자리		소수 첫째 자리	
1	.	1	1.1은 1과 $1/10$과 같아요. 1보다 조금 큰 수지요.
1	.	9	1.9는 1과 $9/10$예요. 2와 거의 같은 수랍니다.
1	.	5	1.5는 1과 $5/10$ 또는 1과 $1/2$이에요. 따라서 1과 2의 정 가운데에 있답니다.

분수를 소수로

계산기를 사용하면 분수를 소수로 바꾸기 쉬워요. 분자를 분모로 나누기만 하면 되거든요. 1/4을 소수로 바꾸려면, 계산기에 1÷4를 입력하세요. 그러면 0.25라는 답이 나온답니다.

치명적인 소수

조심하세요, 훈련생 여러분. 가끔은 소수 때문에 혼란스러울 수 있거든요. 1을 3으로 나눌 때, 1/3처럼 분수로 쓰면 깔끔해요. 하지만 소수로 쓰면 0.3333333…처럼 숫자가 끝나지 않지요. 따라서 분수로 쓰는 게 좋을 때도 있답니다.

돈 계산

사람들은 일상생활에서 늘 소수를 사용해요. 돈을 예로 들게요. $4.98은 4우주 달러와 100분의 98 우주 달러예요. 1우주 달러가 100우주 센트이므로 100분의 98우주 달러는 98우주 센트와 같지요. 소수의 덧셈 뺄셈은 앞서 배운 덧셈 뺄셈과 비슷해요. 단, 계산을 시작할 때 소수점이 나란히 있는지 확인하세요. 만약 여러분이 0.56우주 달러의 초콜릿 바와 2.40우주 달러의 스커글 스무디를 사고 싶다면, 모두 얼마가 필요할까요?

여러분이 알고 있는 덧셈을 그대로 하면 돼요. 계산이 끝나면 소수점을 넣는 것도 잊지 마세요. 답은 2.96우주 달러랍니다.

$$\begin{array}{r} 0.56 \\ 2.40 \\ \hline 2.96 \end{array}$$

깜짝 퀴즈

지구는 4.5조 년 전에 탄생했어요. 3.9조 년 전까지만 해도 지구의 표면은 소행성과 거듭 충돌했지요. 지구는 몇 조 년 동안 소행성과 충돌했을까요?

도움말 : 간단한 뺄셈으로 답을 구할 수 있어요. 소수점을 꼭 맞춰야 한다는 점, 잊지 마세요!

정답 : 소행성 충돌은 0.6조 년 동안 계속되었습니다. 4.5에서 3.9를 빼기만 하면 돼요.

$$\begin{array}{r} 4.\cancel{5}^{1}5 \\ -3.9 \\ \hline 0.6 \end{array}$$

(50에서 9를 뺄 수 없으므로 원의 자리에서 10을 빌려 150에서 9를 빼세요.)

제17과
백분율이란 무엇일까?

백분율이 뭐냐고요? 저는 여러분이 그 질문은 절대 안 할 줄 알았어요! **'백분율'은 전체가 '100'일 때 부분이 차지하는 비율을 말해요.** 만약 100대의 블랙 히드라 함대가 우리를 공격했고 그중 20대가 폭격기라면, 전체 함대의 20퍼센트 또는 20%가 폭격기라고 말할 수 있어요. **따라서 백분율은 분수나 소수처럼 전체에 대한 부분을 나타내는 또 다른 방법이에요.** 그러면 성가신 히드라 폭격기를 더 자세히 살펴볼게요.

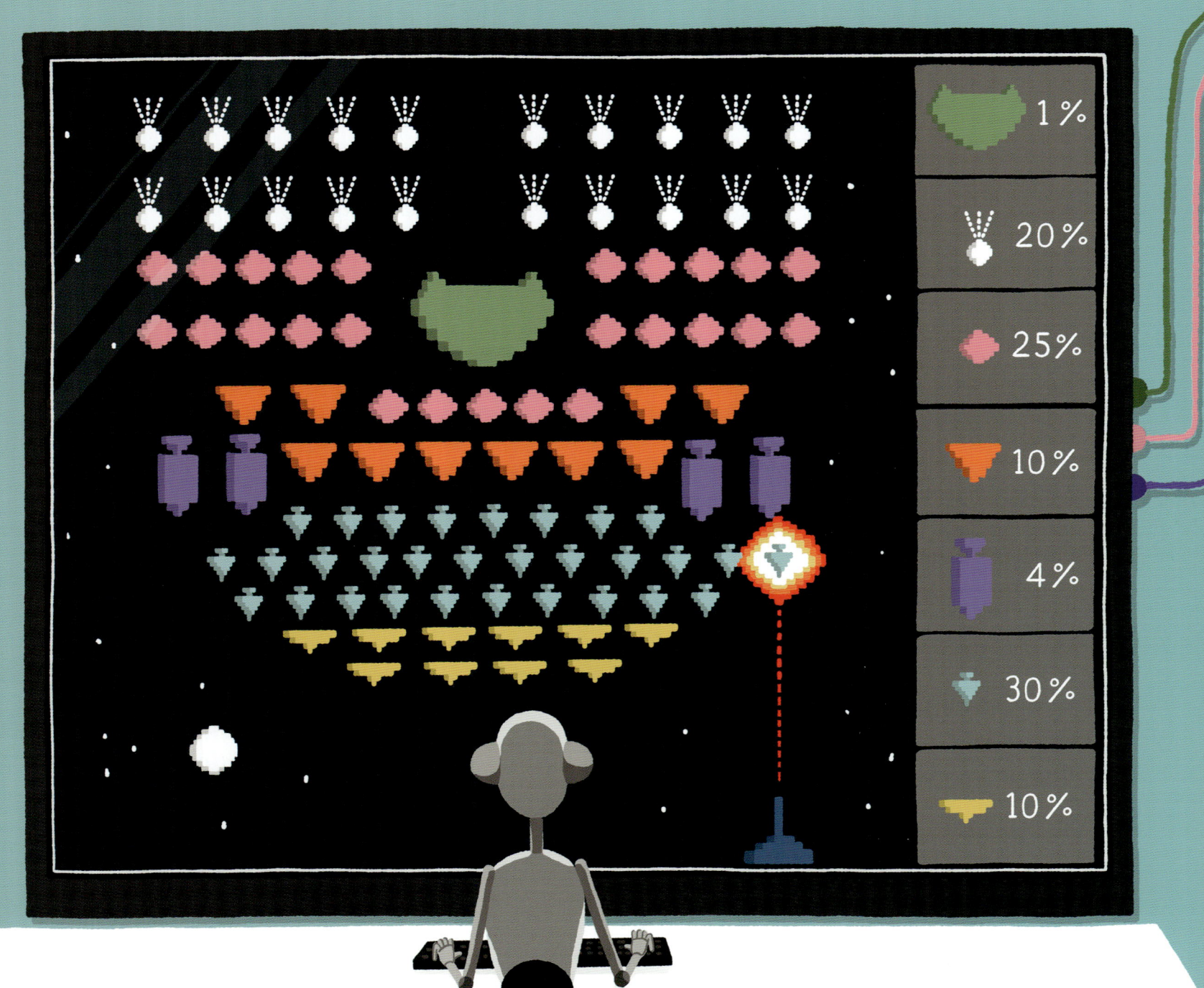

루이스가 우리에게 놀라운 환산기를 보여줄 거예요. 여러분이 기계에 분수를 넣으면, 소수와 백분율로 싹 바꿔 주는 환산기랍니다. 자, 이렇게요.

1/2	0.5	50%
1/4	0.25	25%
3/4	0.75	75%
1/5	0.2	20%
1/1	1	100%

자주 등장하는 환산 값은 기억해 두면 정말 좋아요. 50%는 0.5와 같고 1/2과도 같아요. 이 값을 알아 두면 할인하는 물건을 사든, 초콜릿 바를 나눠 먹든 정말 쓸 만할 일이 많을 거예요.

백분율은 어떻게 계산할까요?

백분율을 계산해야 할 때가 가끔 있어요. 여러분이 우주 옷가게에서 제복을 산다고 상상해 볼게요. ㅁ·침 옷가게에서는 20% 할인을 하고 있네요. 제복의 원래 가격이 300우주 달러라면, 여러분은 얼마를 할인 받는 걸까요?

1. 300우주 달러에서 20%를 제외해야 해요. 쉽게 계산하려면 먼저 300우주 달러의 1%가 얼마인지 알면 되지요. 300우주 달러를 100으로 나누어요.

   $300÷100=$3

2. 이제 300우주 달러의 1%는 3우주 달러라는 걸 알았어요. 이 값에 20을 곱하면 20%는 얼마인지 알 수 있지요.

   $3×20=$60

   즉, 여러분은 60우주 달러를 할인한 가격으로 제복을 살 수 있답니다. 정말 좋군요!

깜짝 퀴즈

지구의 대기는 질소, 산소와 더불어 각종 여러 가스로 이루어져있지요. 만약 지구의 대기가 78%의 질소와 1%의 다른 가스로 이루어 졌다면, 산소는 대기의 몇 퍼센트를 차지하고 있을까요?

도움말 : 백분율을 계산할 때는 그 합계가 100이라는 사실을 꼭 기억하세요!

정답 : 산소는 지구 대기의 21%를 차지하고 있어요.

제18과
수열과 급수

안녕하세요, 친구들. 저는 지금 블랙 히드라 함대를 상대하는 중이에요. 수열에 관해 얘기해 볼까요? 그러면 블랙 히드라의 비밀 암호를 푸는 데 도움이 될 거예요.

숫자들은 흔히 수열 또는 급수라고 하는 형태를 이룰 때가 있어요. 그리고 그 형태는 계속 되풀이되지요. 지금까지 수학 여행을 즐기는 동안 여러분은 이미 몇몇 수열을 본 적이 있어요. 구구단이나 제곱수 그리고 삼각수는 모두 고유의 형태가 있는 수열이에요. 일정한 형태를 이루는 규칙을 알면 다음 숫자와 그 뒤의 숫자, 또는 그 규칙을 따르는 어떤 숫자도 찾을 수 있어요. 그렇다면 히드라의 암호를 어떻게 풀어야 할까요? **각 숫자 사이의 차를 이용해 규칙을 찾아볼게요.** 규칙을 찾으면 빠진 숫자도 알아낼 수 있답니다.

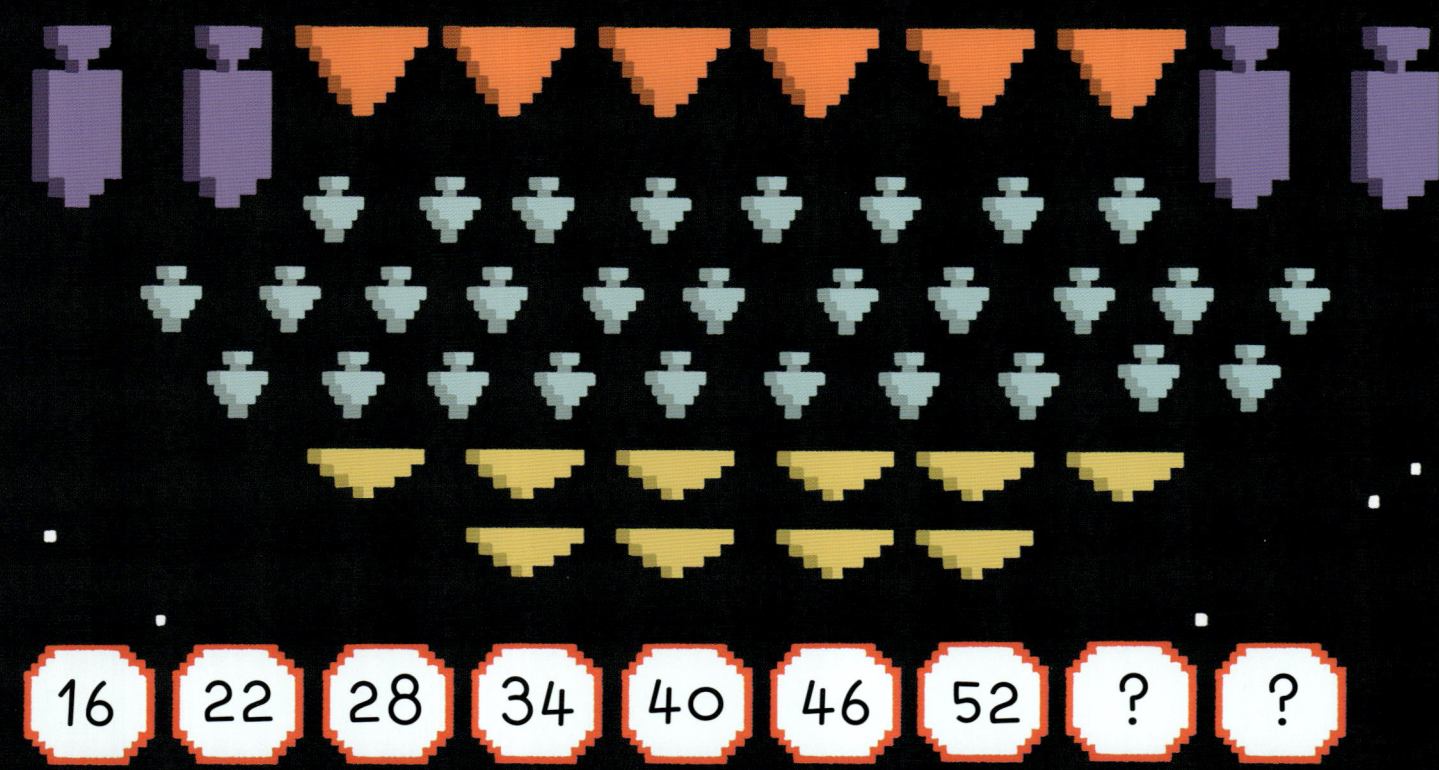

블랙 히드라의 암호 수열을 보니 각 숫자의 차는 6이군요. 그렇다면 다음 숫자는 52+6이 되고, 그 뒤의 숫자는 58+6, 즉 64예요. 때로는 덧셈이 아닌 뺄셈으로도 규칙을 찾을 수 있고, 곱셈이나 나눗셈이 포함될 수도 있어요. 하지만 규칙은 그대로 유지되지요. **규칙을 알아내면 다음 숫자도 금세 알 수 있답니다.**

두 배씩

전설에 따르면, 수십 년 전 체스 게임을 무척 좋아한 인도의 통치자가 체스 발명가에게 상을 주고 싶어 했어요. 똑똑한 발명가는 체스 판의 첫 번째 정사각형에 한 알, 두 번째 정사각형에 두 알, 세 번째 정사각형에 네 알, 그리고 그 외 62개의 정사각형마다 두 배씩 양을 늘린 쌀의 양만큼 상으로 달라고 요구했지요. 통치자는 참 보잘것없는 상이라며 웃었고 신하들에게 쌀을 가져오라고 명령했어요. 하지만 쌀을 모두 쌓으면 궁궐 전체를 다 채울 거라는 신하들의 말에 왕은 깜짝 놀랐지요. 사실, 그 양은 에베레스트산보다 훨씬 높을 테니까요! 숫자를 두 배씩 늘리면 그 수는 급속도로 커진답니다.

1, 2, 4, 8, 16, 32, 64, 128, 256, 512, 1024, 2048, 4096, 8192…

원한다면 수열을 계속 나열해 보세요. 얼마까지 나열할 수 있을까요?

깜짝 퀴즈

다음 수열에서 빠진 숫자를 알아내 블랙 히드라의 암호를 풀 수 있나요? 암호를 해독할 수 있다면 블랙 히드라의 컴퓨터 시스템을 해킹해서 그들의 함대를 무력화할 수 있어요!

A) 25 50 75 100 125 ? ?
B) ? ? 24 21 18 15 12
C) 2 4 8 ? 32 64 ? 256
D) 640 320 160 80 ? ? 10

정답: A) 150, 175 B) 30, 27 C) 16, 128, D) 40, 20

제19과
피보나치수열

안녕하세요, 훈련생 여러분! 여러분과 함께 매우 중요한 수열인 피보나치수열을 탐구하려고 용맹한 함장이 돌아왔습니다. 피보나치수열은 이탈리아의 유명한 수학자 레오나르도 피보나치의 이름을 딴, 아주 특별한 수예요. 이 수열의 모든 숫자는 앞 두 수의 합으로 이루어졌답니다. 자, 이렇게요.
1, 1, 2, 3, 5, 8, 13, 21, 34, 55, 89…

피보나치 꽃

피보나치수열은 자연 곳곳에서 찾을 수 있어요. 꽃을 볼 기회가 있다면 꽃잎의 수가 몇 장인지 살펴보세요. 보나 마나 피보나치 수일 거예요. 피보나치 수는 해바라기나 파인애플, 콜리플라워 무늬에도 있어요. 해바라기 가운데에 있는 씨앗을 보면 시계방향으로 가는 나선무늬와 반시계 방향으로 가는 나선무늬가 있지요. 두 나선무늬에 있는 씨앗 수를 모두 세면 항상 피보나치 수예요. 보통 각 나선에 21개와 34개이거나 34개와 55개랍니다.

이상하지만 사실이에요

클로버는 보통 잎이 세 장이고, 3은 피보나치 수예요. 네 잎 클로버는 정말 드물어요(4는 피보나치 수가 아니에요). 1만 개 중 1개의 클로버가 네 잎을 갖고 있지요. 그래서 쉽사리 찾을 수 없답니다.

황금 직사각형

피보나치 수는 자연뿐만 아니라 건축물에서도 찾을 수 있어요. 고대 그리스인들은 독특한 비율을 가진 직사각형으로 건물을 지었어요. 보기에 훨씬 아름답다는 이유 때문이었지요. 직사각형의 긴 변의 길이를 짧은 변의 길이로 나눠 약 1.62라는 값이 나온다면, 그 직사각형은 황금 직사각형이에요. 고대 그리스의 파르테논 신전부터 인도의 타지마할에 이르는 모든 건물에서 황금 직사각형을 찾을 수 있답니다.

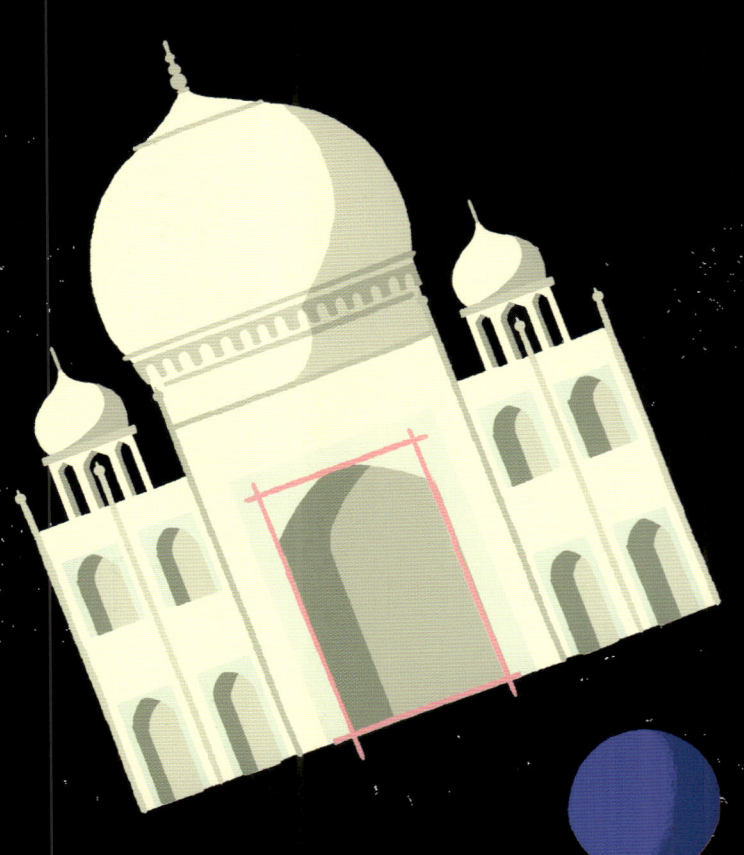

기이한 나선

피보나치 수로 나선무늬를 만들 수 있어요. 처음 두 수를 더하면 한 숫자가 되므로 각 변의 길이가 1인 정사각형 2개로 시작할게요. 정사각형의 한 변을 따라 새로운 정사각형을 그려요. 그리고 이번에는 한 변의 길이가 3인 정사각형을 그려요. 그리고 차근차근 더 많은 정사각형을 보태요. 각 정사각형은 그 순서에 따라 점점 더 커질 거예요. 그런 다음 각 정사각형의 꼭짓점을 따라 곡선을 그리면 나선무늬를 만들 수 있어요. 이 나선이 바로 황금 나선이며, 이 무늬는 달팽이 껍데기뿐만 아니라 은하수에서도 찾아볼 수 있답니다!

깜짝 퀴즈

아래에 있는 피보나치수열을 완성해 보세요. 다음에 올 세 숫자는 무엇일까요?

1, 1, 2, 3, 5, 8,
13, 21, 34,
55, 89

정답: 144, 233, 377

제20과
놀라운 숫자 9

친구들, 다시 만나게 되어 반가워요! 이번 수업에서는 제가 가장 좋아하는 숫자이자, 신기한 숫자 9에 대한 모든 걸 배울 거예요. 묘기를 즐길 준비가 됐나요?

1. 먼저 1부터 9까지의 숫자 중에 하나를 고르세요.

2. 그리고 그 숫자에 9를 곱해요.

3. 곱한 결과가 두 자릿수라면 한 자릿수가 될 때까지 각 자릿수끼리 더해요.

4. 이제 한 자릿수에서 5를 빼세요.

5. 우주선 9대가 다른 목적지로 떠나고 있어요. 이곳에 여러분이 구한 값과 같은 번호의 우주선이 있나요? 여러분은 어느 행성을 향하고 있나요?

1. 수성행
6. 토성행
5. 목성행
3. 지구행
2. 금성행
7. 천왕성행

자, 이제 제가 답을 말할 차례군요. 여러분은 화성으로 가는 게 분명해요! 제가 굉장한 독심술가라고요? 천만에요. 이게 다 수학 덕분이랍니다.

이 묘기의 핵심은 2단계에 있어요. 여러분은 1단계에서 생각한 숫자에 9를 곱했지요. 7과에서 배운 내용을 되새겨 보면, 구구단 9단에 있는 **어떤 숫자**를 더해도 항상 9가 된다는 사실이 기억날 거예요(예를 들어 2×9=18, 1+8=9). 그래서 3단계에서 두 수를 더했을 때 저는 이미 여러분에게 9가 있다는 걸 알고 있었지요! 따라서 다음 몇 단계만 지나면 화성행 우주선을 고를 수 있답니다. 어때요, 교묘하죠?

이상하지만 사실이에요

9를 제외한 한 자릿수를 모두 더하면 36이 돼요(1+2+3+4+5+6+7+8=36). 그리고 36에 있는 각 자릿수를 더하면 9가 나온답니다!

신기한 수학

세 자릿수를 999로 나누면 소수점 아래에 일정한 숫자가 반복되는 소수가 나와요. 예를 들어 687÷999=0.687687…처럼요. 계산기로 직접 확인해 보세요. 여러분이 생각한 수의 자릿수와 9의 개수만 같다면 어떤 숫자를 나누어도 마찬가지랍니다.

숫자 맞추기

동료 훈련생에게 문제를 한번 내 볼까요? 먼저 가장 큰 수가 백의 자리에, 가장 작은 수가 일의 자리에 있는 세 자리 숫자를 적으라고 하세요(각 자리의 숫자는 모두 달라야 해요). 그런 다음 숫자를 뒤집어 처음 숫자 아래에 적으라고 해요. 이렇게 하면 가장 작은 숫자가 맨 앞에 와요. 그리고 위 숫자에서 아래 숫자를 빼라고 하세요.
마지막으로, 계산한 값의 **첫 번째** 숫자를 말해 달라고 하세요. 첫 번째 숫자만 알아도 여러분은 두 수를 뺀 답이 얼마인지 말할 수 있답니다!
그렇다면 여기에 어떤 비밀이 숨어 있는 걸까요?

어떤 세 자리 숫자로 계산을 시작하든 마지막 값의 가운데 숫자는 **항상** 9이며, 첫 번째와 세 번째 숫자를 더해도 **항상** 9가 된답니다. 확인해 볼까요? 여러분의 동료가 731을 선택했다고 상상해 볼게요. 이 수를 거꾸로 쓰면 137이고, 731에서 137을 빼면 594가 되지요. 만약 여러분의 동료가 답의 첫 번째 숫자를 5라고 한다면, 여러분은 그 답이 594라고 바로 말할 수 있을 거예요. 기억하세요. 가운데 숫자는 항상 9이며, 첫 번째와 세 번째 숫자를 더하면 반드시 9가 되어야 해요. 따라서 5+4=9이므로, 세 번째 숫자는 4여야 한답니다. 한번 해 보세요!

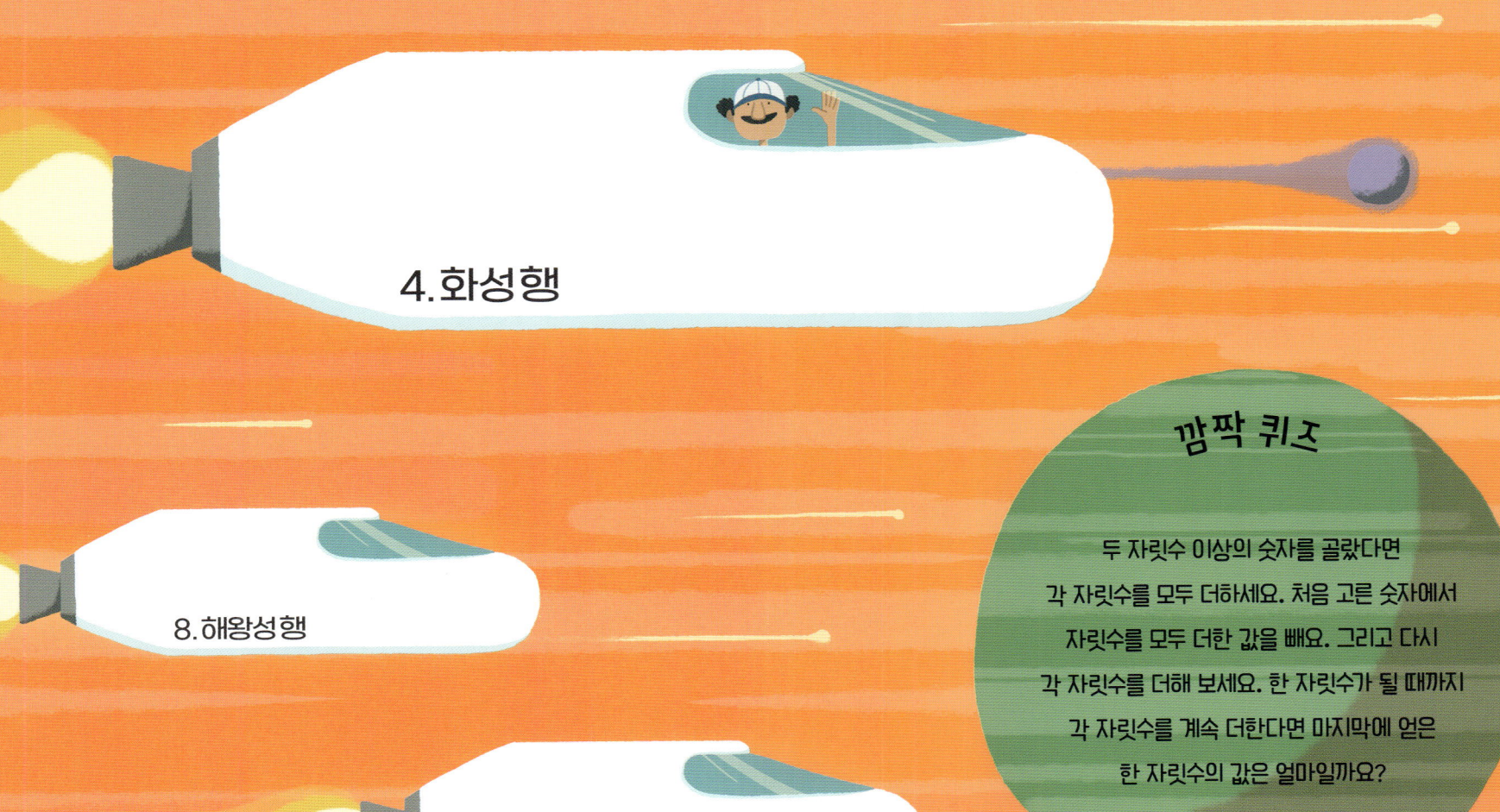

4. 화성행

8. 해왕성행

9. 외계공간행

깜짝 퀴즈

두 자릿수 이상의 숫자를 골랐다면 각 자릿수를 모두 더하세요. 처음 고른 숫자에서 자릿수를 모두 더한 값을 빼요. 그리고 다시 각 자릿수를 더해 보세요. 한 자릿수가 될 때까지 각 자릿수를 계속 더한다면 마지막에 얻은 한 자릿수의 값은 얼마일까요?

정답: 9입니다

2학기

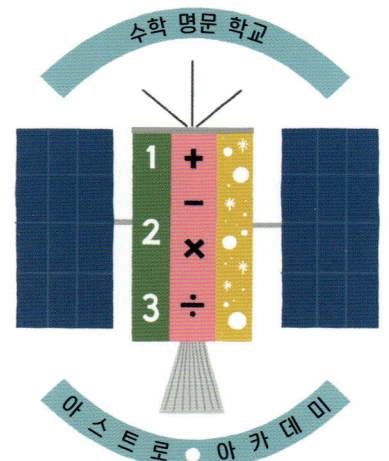

도형과 크기

훌륭해요, 훈련생 여러분. 드디어 2학기를 맞이했군요. 이제 숫자를 갖고 노는 게 꽤 편해졌을 거예요. 하지만 수학에는 숫자만 있는 게 아니랍니다. 2학기에는 선, 도형, 다면체처럼 재미있는 기하에 대해 배울 거예요.

인간은 기하 때문에 수 세기 동안 울고 웃었답니다. 기하(Geometry)라는 단어는 고대 그리스어에서 유래했지요. 'geo-'는 '지구'를, '-metry'는 '측정'을 뜻해요. 고대 그리스인들은 도형을 연구하거나 도형에 대해 이야기하거나, 모래 위에 도형을 그리기도 하고 도형을 주제로 토론하는 일을 즐겼어요. 꽤 열띤 토론이었어요. 진짜예요! 2학기가 끝날 무렵에는 그리스의 수학자 유클리드와 피타고라스에 대해서도 배울 거예요. 다재다능한 천재인 두 사람의 가르침은 지금까지 계승되고 있답니다.

도형을 이해하는 건 우리가 속한 이 우주를 이해하는 열쇠와 같아요. 각도와 도형은 어디에나 있지요. 스타십 인피니티호의 관제실을 둘러보세요. 발사대의 원형 버튼과 벽에 달린 직사각형 화면, 제복에 있는 삼각형 로고와 우주선 바닥의 정사각형 타일까지, 자세히 들여다볼수록 더 많은 도형을 발견할 수 있지요. 하지만 삼각형은 왜 삼각형일까요? 원은 왜 원일까요? 걱정 말아요. 이번 학기에 도형의 비밀을 속속들이 알게 될 테니까요!

그렇다면 왜 도형을 배워야 할까요? 그 이유는 도형이 쓰이는 분야가 많기 때문이에요. 우주선을 안전하고 튼튼하게 만들기 위해서는 각도를 어떻게 활용하는지를 아는 기술자가 필요해요. 유능한 기술자가 없었다면 스타십 인피니티호를 만들지 못했을 거예요. 또 지구에서 로켓을 쏘아 올리려면 우주선을 유선형으로 설계해 줄 똑똑한 디자이너가 필요해요. 아직도 도형의 쓰임이 얼마나 다양한지 모르겠다고요? 그럼 빨리 인피니티호를 타고 출항해 봅시다!

제21과
각 이해하기

도형을 배우려면 먼저 각도에 대해 알아야 해요. 스타십 인피니티 영화관으로 가볼까요? 영화를 보려는 게 아니에요. 우리는 영화를 보고 있는 스퀴글홉의 더듬이를 보러 왔어요. 스퀴글홉이 한 줄로 나란히 앉아 있네요. 살금살금 들어가 뒤에서 보면 서로 다른 각도의 모양을 한 더듬이들을 볼 수 있어요. **이처럼 두 직선이 서로 만나면 그 사이에 각이 생겨요.** 각은 °와 같이 작은 원으로 나타내고 '도'라는 단위로 측정해요. 아래 그림을 보면 원의 중심각 또는 1바퀴는 360도예요. **각을 보면 회전의 크기를 알 수 있지요.** 맨 위에 있는 0°로 시작해 원을 따라 1바퀴 돌면 360°가 된답니다.

각은 크기에 따라 이름이 달라요.
스퀴글홉의 더듬이를 다시 살펴볼까요?.

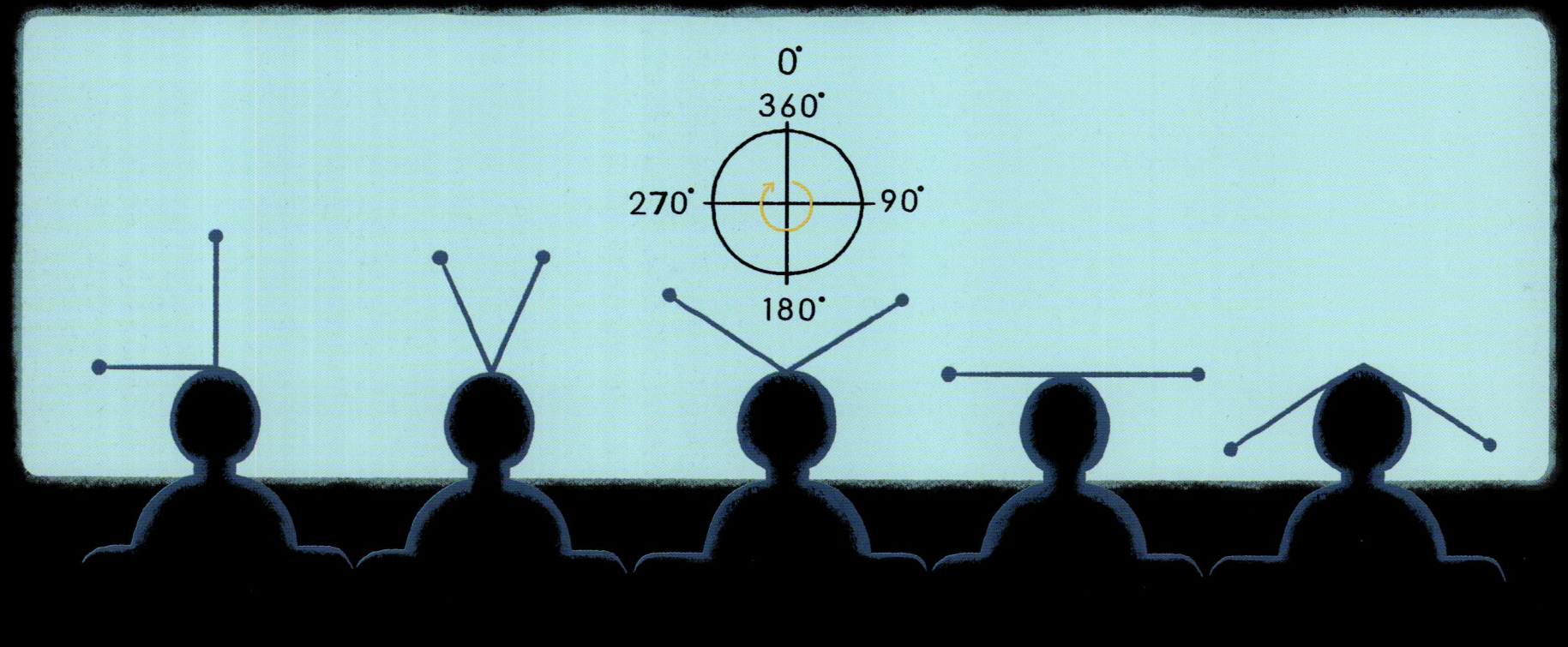

각도가 원의 정확히 4분의 1 또는 90°가 되면 **직각**이에요.

각도가 아주 작거나 90° 미만이면 **예각**이에요.

각도가 직각보다 크지만, 평각(직선)보다 작으면 **둔각**이에요.

각도가 정확히 180°이거나 반 바퀴에 해당한다면 **평각**(직선)이에요.

마지막으로 각도가 180° 이상이거나 반 바퀴가 넘으면 **우각**이랍니다.

제22과
평면도형

안녕하세요, 여러분. 이번 시간에는 도형을 배우려고 우주 정거장에 왔답니다. 하지만 이야기하기에 앞서, 2300년 전 고대 그리스에 살았던 유클리드를 잠깐 소개할게요. 유클리드는 역사상 가장 위대한 수학자이자 기하학의 아버지로 불려요. 오늘날 우리가 알고 있는 도형은 대부분 유클리드가 선보였지요. 유클리드는 도형의 특징을 정하는 규칙을 마련했답니다. 어디 한번 볼까요?

유클리드를 만나요

평행선

평행선은 항상 같은 거리를 유지하는 직선들이에요. 두 직선이 영원히 계속된다 해도 절대 만나지 않아요.

도움말

사각형은 네 개의 선분으로 이루어진 다각형이라는 걸 알고 있나요? 정사각형, 직사각형, 사다리꼴 등은 모두 사각형이지요. 그림으로 확인해 보세요.

알쏭달쏭한 다각형

다각형은 세 개 이상의 선분으로 둘러싸인 도형이에요. 삼각형, 정사각형, 직사각형 그리고 육각형 등은 모두 다각형이지요. **정다각형은 변의 길이와 각의 크기가 모두 같지만,** 불규칙한 다각형은 변의 길이와 각의 크기가 모두 달라서 모양이 삐뚤빼뚤하답니다.

도형 구별하기

우주 정거장에 있는 우주선들의 모양이 모두 달라요.
아래 설명에 맞는 우주선을 각각 찾아 보세요.

1. **정사각형**은 네 변의 길이가 같고, 네 꼭지각이 모두 직각이에요.
2. **직사각형**은 네 변으로 둘러싸여 있고 서로 마주 보는 변의 길이가 같아요. 네 꼭지각은 모두 직각이에요.
3. **원**은 중심에서 항상 같은 거리에 있는 점들을 이은 둥근 곡선이에요.
4. **정삼각형**은 세 변의 길이와 세 각의 크기가 각각 같아요.
5. **이등변 삼각형**은 세 변으로 둘러싸여 있고, 그중 두 변의 길이가 같아요.
6. **부등변 삼각형**은 세 변의 길이가 모두 달라요.
7. **마름모**는 네 변의 길이가 모두 같지만, 직각은 없어요. 정사각형이 약간 쓰러진 모양이지요.
8. **평행사변형**은 네 변으로 둘러싸여 있지만, 직각은 없어요. 서로 마주 보는 변의 길이가 같지요. 직사각형이 약간 쓰러진 모양이랍니다.
9. **사다리꼴**은 마주 보는 한 쌍의 변이 평행한 사각형이에요.
10. **연꼴**은 서로 이웃한 두 변의 길이가 같은 사각형이지요. 서로 평행한 변은 없답니다.
11. **오각형**은 다섯 개의 변으로 이루어져 있어요.
12. **육각형**은 여섯 개의 변으로 이루어져 있어요.
13. **칠각형**은 일곱 개의 변으로 이루어져 있어요.
14. **팔각형**은 여덟 개의 변으로 이루어져 있어요.

정답: 1.C, 2.H, 3.I, 4.K, 5.B, 6.J, 7.M, 8.E, 9.G, 10.A, 11.L, 12.D, 13.N, 14.F.

제23과
환상적인 삼각형

좋아요 친구들. 신기한 삼각형의 세계를 좀 더 자세히 살펴볼까요? 제가 좋아하는 도형을 딱 하나만 꼽으라면 고민은 조금 하겠지만 저는 삼각형을 고를 거랍니다. 삼각형은 어디에서나 찾을 수 있어요. 지붕, 다리, 도로 표지판 그리고 샌드위치에도 삼각형을 찾을 수 있어요! 삼각형의 종류를 간단히 설명해 줄게요. 우선 먼저 만나 볼 삼각형 세 개는 각각 변의 길이에 따라 이름이 다르답니다.

부등변 삼각형
세 변의 길이가 모두 다른 삼각형

정삼각형
세 변의 길이가 모두 같은 삼각형

이등변 삼각형
두 변의 길이가 같은 삼각형

오른쪽에 있는 세 삼각형은 각의 크기에 따라 이름이 달라요. 때로는 하나의 삼각형을 두 가지 이름으로 부를 수도 있지요. 예를 들어, 정삼각형은 항상 예각 삼각형이라고도 합니다.

예각 삼각형
세 내각의 크기가 90°보다 작은 삼각형

직각 삼각형
한 내각의 크기가 90°인 삼각형

이등변 삼각형과 부등변 삼각형은 직각 삼각형이 될 수 있지만, 직각 삼각형은 절대 둔각삼각형이 될 수 없어요.

둔각 삼각형
한 내각의 크기가 90°보다 큰 삼각형

세 내각이 모두 90°보다 작으므로 정삼각형은 예각 삼각형이에요.

피타고라스의 원대한 발견

피타고라스는 약 2,600년 전에 태어난 고대 그리스 철학자로, 숫자를 열렬히 사랑하던 제자들과 함께 피타고라스 학파를 이끌었어요. 피타고라스 학파는 모든 숫자에 의미가 있다고 믿었지요. 그래서 숫자 1을 저 외하면 짝수는 여자이고, 홀수는 남자라고 생각했어요. 1은 다른 숫자들의 아버지이자 어머니였지요! 피타고라스는 '피타고라스의 정리'라고 불리는 이론을 만든 사람으로 유명해요. "직각 삼각형에서 빗변의 길이를 제곱하면 직각을 끼고 있는 다른 두 변의 제곱의 합과 같다." 잠깐, 어렵다고요? 천만의 말씀! 무슨 뜻인지 그림으로 쉽게 알아볼까요?

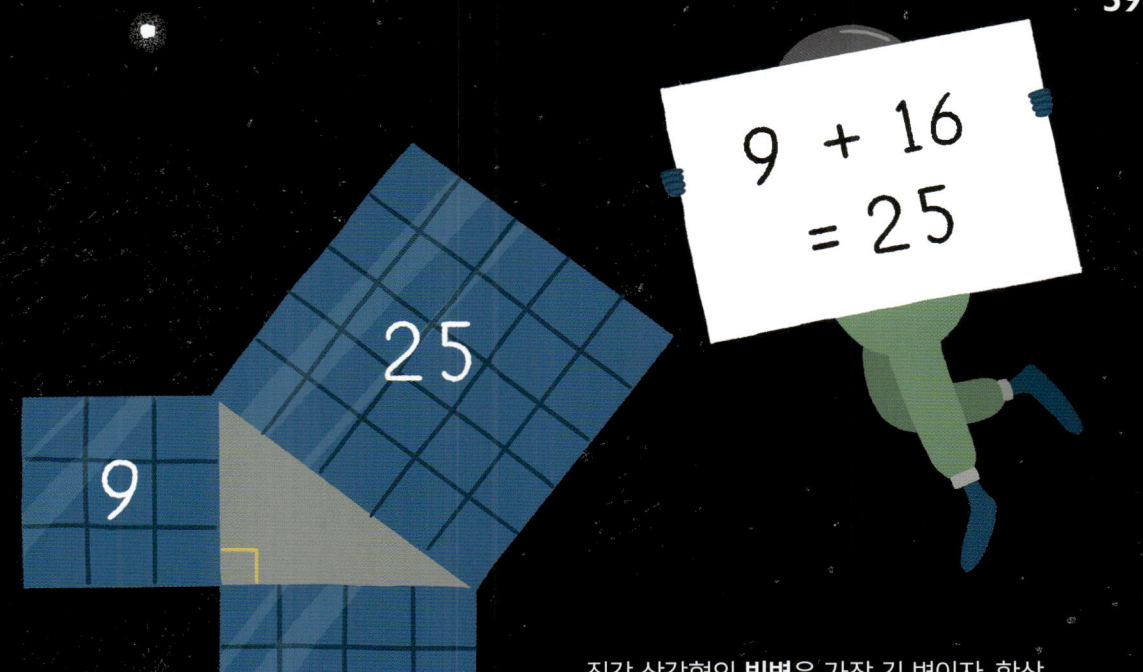

직각 삼각형의 **빗변**은 가장 긴 변이자, 항상 직각의 맞은 편에 있어요. 그래서 피타고라스는 다음과 같은 정리를 찾아냈어요. 직각 삼각형의 각 변을 따라 정사각형을 그리면, 큰 정사각형의 크기는 두 개의 작은 정사각형을 합친 크기와 항상 같다고요! 이렇게 간단한 기하학 원리는 오랫동안 건축가나 공학자가 피라미드, 다리, 고층 건물을 짓는 데 도움이 되었어요. 고마워요, 피타고라스!

삼각형의 각

삼각형과 관련해서 기억해야 할 공식이 있어요. **삼각형의 세 내각의 합은 항상 180°랍니다.** 이 공식을 증명해줄 멋진 방법을 보여 줄게요. 종이를 삼각형 모양으로 자르고, 삼각형의 세 내각을 떼어내요. 그리고 모든 각을 하나로 맞추면 완벽한 직선이 된답니다(21과에서 배웠죠? 직선의 각도는 항상 180°랍니다).

깜짝 퀴즈

종이의 모서리를 잘라 직각 삼각형을 만들어요. 그리고 직각보다 작은 두 개의 각을 떼어 내요. 그 두 조각을 맞추면 완벽한 직각을 이룰 거예요. 따라서 직각 삼각형에서 두 개의 작은 각을 더하면 항상 90°라는 사실을 알 수 있답니다.

제24과
원과 함께 빙글빙글

우리는 미노트로피아 행성으로 현장 학습을 떠날 예정이에요. 그곳에 가면 외계인 우주선이 먼지 위에 남긴 이상한 원들을 볼 수 있거든요. 원은 아주 중요한 도형이에요. 주위를 둘러보면, 행성의 모양과 궤도, 나무줄기 고리 등 어디에서나 원을 볼 수 있지요. **수학에서 원이란 원의 중심에서 같은 거리에 있는 점들의 집합을 말해요.** 중심으로부터 같은 거리에 해당하는 점들을 수없이 그리면 결국 원이 된답니다.

이 점들은 모두 원의 중심에서 같은 거리에 있어요.

원은 다양한 부분으로 이루어져 있어요.

반지름은 원의 중심에서 둘레까지 그은 선분이에요. 자전거 바퀴를 떠올려 보세요. 바큇살 한 개의 길이가 반지름이랍니다.

지름은 원의 중심을 가로지르는 선분이에요. 반지름 길이의 2배와 같답니다.

원주는 원의 둘레를 말해요.

깜짝 퀴즈

만약 지구의 반지름이 대략 6,500km라면, 지구의 지름은 얼마일까요?

정답 : 지구의 지름은 대략 13,000km예요. 지름의 길이는 반지름 길이의 2배이니까요.

제25과
누워서 파이 먹기

훈련생 여러분, 이렇게 생긴 작은 기호를 본 적이 있나요? π(파이) 말이에요. 우리가 파이라고 부르는 이 기호는 사실 숫자예요. 아마도 세상에서(이 기호만큼은 우주 전체에서) 가장 유명한 숫자일 거예요. 원주를 지름으로 나누면 **항상** 같은 수를 얻는데, 이 수가 바로 파이지요. **파이의 값은 약 3.14랍니다.**

이상하지만 사실이에요

여러분이 거울에 3.14를 비추면 PIE(파이)라는 단어가 나타날 거예요!

파이 찾기

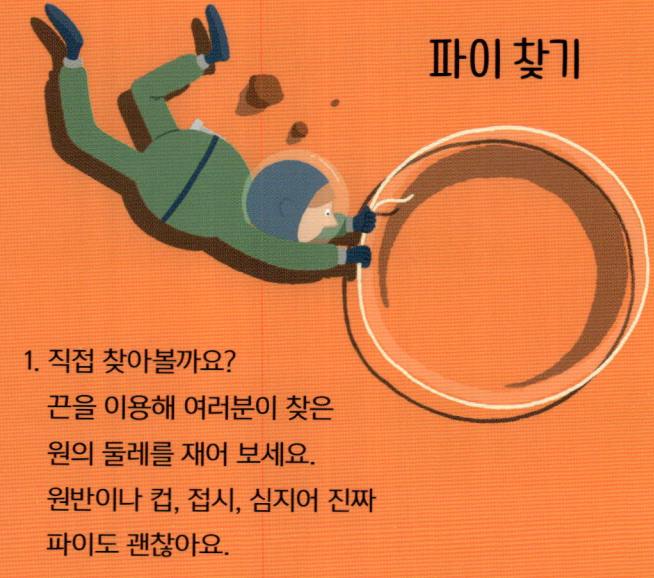

1. 직접 찾아볼까요?
끈을 이용해 여러분이 찾은 원의 둘레를 재어 보세요. 원반이나 컵, 접시, 심지어 진짜 파이도 괜찮아요.

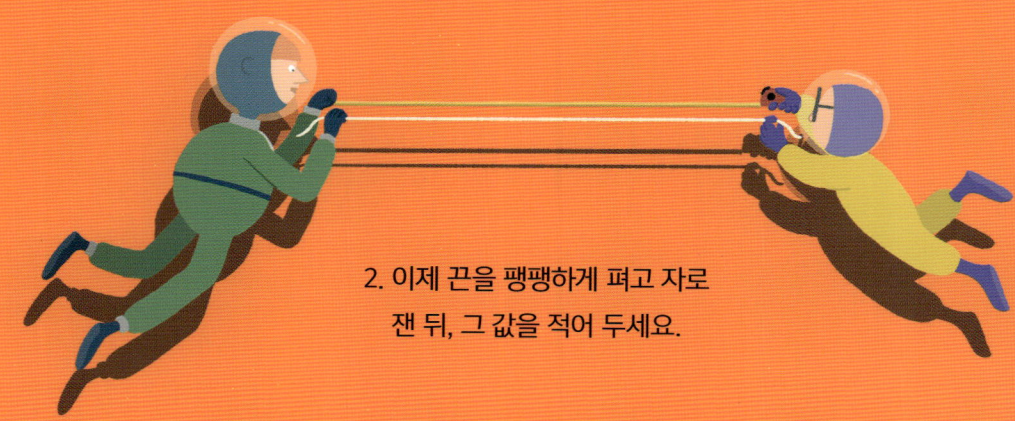

2. 이제 끈을 팽팽하게 펴고 자로 잰 뒤, 그 값을 적어 두세요.

3. 그런 다음 원의 지름을 자로 재요. 마지막으로 계산기를 이용해 원둘레를 지름으로 나누세요.

4. 여러분이 구한 값은 3.14에 가까운 숫자로 끝나야 해요. 파이는 매우 유용한 숫자예요. 원의 지름을 알면, 그 지름에 3.14를 곱해 원주를 계산할 수 있답니다.

절대 끝나지 않는 수

우리는 파이의 값을 간단하게 약 3.14라고 말하지만, 사실 파이는 훨씬 더 복잡한 수예요! 소수점 뒤의 숫자가 **영원히** 계속되거든요! 파이 값을 외우는 방법 중 하나는, 외우기 쉬운 구절을 만들어서 그 구절에 있는 글자 수를 세면 돼요. 예를 들어, '저에게(3) 큰(1) 선물들을(4) 꼭(1) 주시겠어요?(5) 완전깜짝놀랄정도로(9) 크면(2) 환상적이겠죠?(6)'라는 말은 파이 값의 첫 8자리 숫자를 기억하는 데 도움을 줄 거예요. 놀랍게도 2015년에 라즈베어 미나라는 인도 학생이 7만 자릿수의 파이 값을 외우는 데 성공했답니다! 거의 10시간이 걸렸대요.

깜짝 퀴즈

파이 값을 몇 자리까지 기억할 수 있는지 확인해 봐요. 아래에 있는 숫자를 공부하고나서 외울 준비가 됐다면, 친구 앞에서 말해 보세요.

3.14159265358979323846264338327950288419716939937
5105820974944592307816406286208998628034825342
1170679821480865132823066470938446095505822317253
594081284811174502841027019385211055596446229489
549303819644288109756659334461284756482337867831
652712019091456485669234603486104543266482133936
072602491412737245870066063155881748152092096282
925409171536436789259036001133053054882046652138
41469519415116094330572703657595919530921861173819
32611793105118548074462379962749567351885752724
891227938183011949129833673362440656643086021394
94639522473719070217986094370277053921717629317675
23846748184676694051320005681271452635608277857713
427577896091736371787214684409012249534301465
49585371050792279689258923542019956112129021960864
03441815981362977477130996051870721134999998372
97804995105973173281609631859502445945534690830264
25223082533446850352619311881710100031378387528
86587533208381420617177669147303598253490428755
46873115956286388235378759375195778185778053217122
68066130019278766111959092164201989380952572010
6548586327886593615338182796823030195203530185296
89957736225994138912497217…

아리송한 둘레

오늘 우리는 렙톤 행성에 착륙할 예정이에요. 연구 기지를 건설할 곳이죠. 그래서 기지 전체를 보호하는 울타리를 설치해야 해요. 우리의 임무는 얼마나 많은 울타리가 필요한지 알아내는 거예요. 그러려면 기지의 둘레를 알아야 겠죠. 둘레는 평면도형의 가장자리를 둘러싼 길이랍니다.

기지 한쪽 구석에 엑스(X) 모양을 그려요. 그곳부터 시작해서 모든 변의 길이를 잴 거예요. 우리가 엑스(X)로 다시 돌아오면 한 바퀴를 돌았다는 걸 알 수 있겠지요. 그러고 나서 각 변의 길이를 더하면 된답니다.

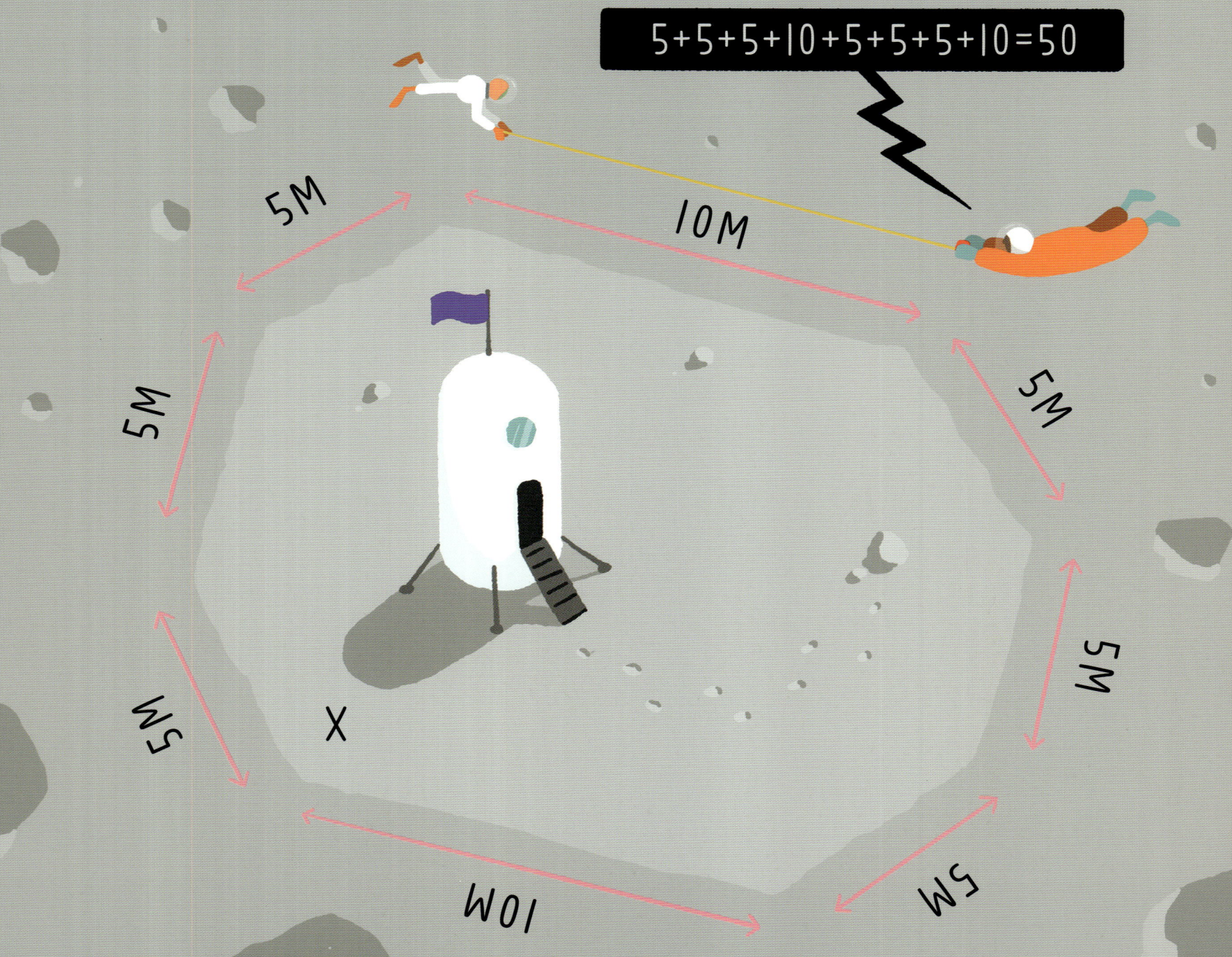

각 변의 길이를 몰라도 둘레를 이용해 변의 길이를 계산할 수 있어요. 여기 울타리를 만들어야 하는 자그마한 캠프를 보면, 울타리의 밑그림에서 가장 긴 변의 길이가 빠져 있어요. 그래도 우리는 그 길이를 알 수 있답니다. 가장 긴 변은 4미터와 6미터의 반대쪽에 있거든요. 두 길이를 더하면 빠진 길이가 나오므로 4+6=10미터예요. 이제 시작점에 엑스(X)를 그리고 둘레를 계속 더해 봅시다.
둘레는 4+3+6+5+10+8=36m랍니다.

깜짝 퀴즈

은하계 축구장의 둘레를 계산해 볼까요? 계산을 시작하기 전에 물음표로 표시된 변의 길이부터 알아보세요.

정답 : 은하계 축구장의 둘레는 100m+66m+100m+66m=332m랍니다.

제27과
넓이야 놀자

열정으로 똘똘 뭉친 훈련생 여러분, 드디어 이곳에 왔군요! 연구소에 문제가 생겼어요. 연구에 필요한 방사성 물질인 감마트로이드를 채취했는데, 해로운 이 광선이 밖으로 빠져나가지 못하도록 납으로 된 방에 밀폐해야 해요.

그런데 방은 다 준비되었지만 문을 깜빡했어요! 그래서 납으로 만든 문을 바로 주문해야 해요. 그러려면 각 출입구의 넓이를 알아야 하지요. 넓이는 아주 중요해요. **평면도형의 넓이는 공간을 차지하는 크기랍니다.**

깜짝 퀴즈

여러분은 은하계 축구장에 필요한 새로운 잔디를 주문해야 해요. 만약 축구장의 길이가 100m이고 폭이 66m라면, 축구장을 덮기 위해 잔디는 몇 m²가 필요할까요?

정답 : 축구장을 덮으려면 잔디가 6,600m²가 필요하답니다.

가로와 세로의 길이가 각 1m인 작은 정사각형으로 문이 덮여 있다고 상상해 보세요. 이 문의 넓이는 작은 정사각형 세 개의 넓이와 같다는 걸 알 수 있답니다.

정사각형이나 직사각형의 넓이를 구하려면 사각형의 가로의 길이와 세로의 길이를 곱해야 해요. 그렇다면, 이곳 출입구는 1m×3m이므로 넓이는 3과 같아요. 정확히 얼마라고 불러야 할까요? 미터요? 아니에요. 넓이의 단위는 제곱미터이므로 문의 넓이는 3㎡라고 해야 한답니다.

이곳에는 직각 삼각형 모양의 출입구도 있어요. **직각 삼각형은 2개를 붙이면 직사각형이 될 거예요.** 직사각형의 넓이는 가로 곱하기 세로이므로, 직각 삼각형의 넓이는 직사각형 넓이의 절반이지요. 따라서 직사각형의 넓이=3m×2m=6㎡, 직각 삼각형의 넓이=6㎡÷2=3㎡랍니다.

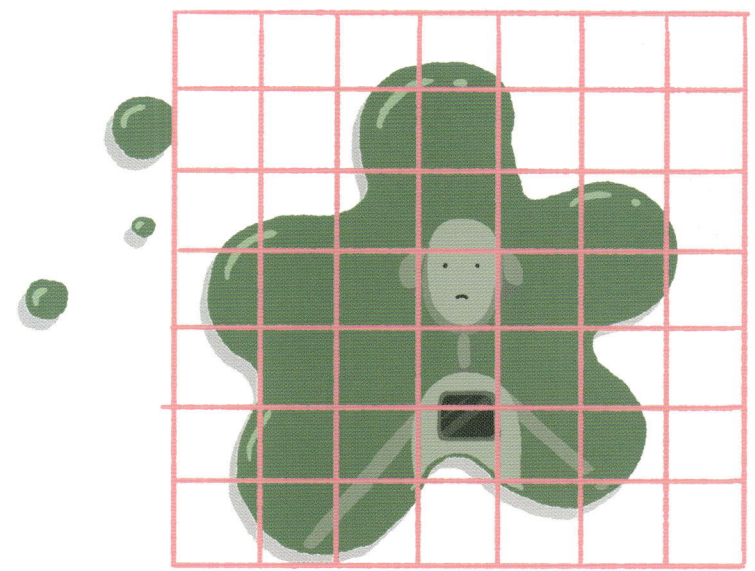

원의 넓이를 구하는 건 조금 까다롭지만, 계산기와 우리의 친구 파이만 있으면 거뜬히 계산할 수 있을 거예요. **원의 넓이는 다음과 같이 계산해요. 반지름×반지름×파이(3.14).** 만약 원형 출입구의 지름이 1.5m라면 반지름은 그 절반인 0.75m예요. 따라서 원형 출입구의 넓이는 0.75m×0.75m×3.14=1.766m²이므로 반올림해서 1.8m²이 된답니다.

감마트로이드 중 하나가 바닥에 끈적끈적한 웅덩이를 만들었어요···. 웅덩이의 넓이를 구할 수 있을까요? 웅덩이 위에 격자망을 그려 볼게요. 각각의 정사각형은 한 변의 길이가 5cm예요. 따라서 각 정사각형의 넓이는 5×5cm=25cm²지요. 이제 웅덩이를 덮은 정사각형의 개수를 세야 해요. 만약 웅덩이가 절반 이상 덮여 있다면 꼭 세야 해요. 웅덩이를 완전히 덮은 정사각형은 13개, 반쯤 덮은 정사각형이 9개이므로, 모두 22개의 정사각형이 웅덩이를 덮고 있어요. 각 정사각형의 넓이가 25cm²이므로, 웅덩이의 넓이는 22와 25를 곱한 값인 550cm²랍니다.

제28과
꼭 알아야 하는 입체도형

생일 축하해요, 브라운 함장님! 우리가 함장님을 위해 작은 파티를 준비했어요. 때마침 훈련생 여러분에게 입체도형을 설명할 아주 좋은 기회네요. **평면도형은 2차원(길이와 너비)이지만, 입체도형은 3차원(길이와 너비 그리고 깊이)이에요.** 주변에 있는 입체도형을 손으로 만져 보세요. 입체도형은 모두 면과 모서리 그리고 꼭짓점이 있지요. 여기에 있는 입체도형은 모두 몇 가지일까요? 천문학자들에게 구는 가장 중요한 입체도형이에요. 어쨌든 행성과 별의 모양도 모두 구랍니다.

깜짝 퀴즈

다음 중 삼각형 모양의 피라미드를 찾아 보세요. 참, 수학에서는 다른 말로 이 도형을 사면체라고 부른답니다!

구

원기둥

삼각기둥

원뿔

꼭짓점

면

모서리

정육면체는 면이 6개, 꼭짓점은 8개, 모서리는 12개예요.

직육면체

정답 : 남자아이 왼쪽의 피라미드는 삼각뿔 모양의 입체도형입니다.

제29과
신통방통 변환의 세계

여러분도 알고 있듯이 무언가를 '변환'한다는 건 바꾼다는 뜻이에요. 도형을 돌리거나 뒤집거나 늘리거나 줄이면 다른 모양으로 바꿀 수 있지요. 이렇게 바꾸는 걸 도형의 변환이라고 한답니다.

밀기

도형의 모양을 바꾸지 않고 한 위치에서 다른 위치로 이동하면 도형의 '밀기'라고 해요. 도형을 위나 아래, 왼쪽이나 오른쪽으로 밀면 위치를 바꿀 수 있지요. 우리가 텔레포터로 서로에게 신호를 보내는 일도 모두 '밀기'랍니다!

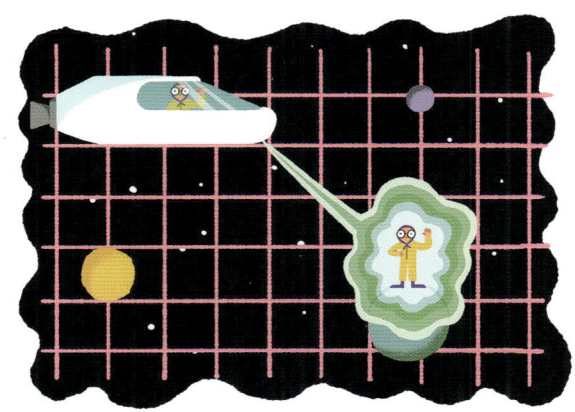

돌리기

또 다른 변환은 **한 점을 중심으로 도형을 돌리는 거예요.** 그때 중심이 되는 점을 회전 중심이라고 해요. 도형은 회전 중심의 주변을 시계 방향이나 반 시계 방향으로 돌 수 있지요. 행성을 돌고 있는 우주선을 한번 보세요.

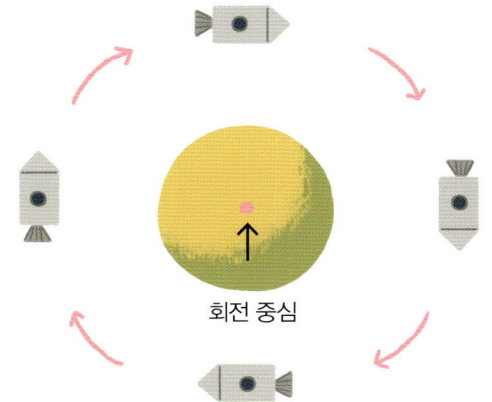

회전 중심

늘리기

도형을 늘리면 도형의 크기를 바꿀 수 있어요. 도형의 크기를 바꿀 때는 배율을 이용해요. 배율이 1보다 크면 도형의 크기가 커져요. 하지만 이상하게도 1보다 작은 배율로 늘리면 도형이 더 작아지지요. 안전한 저의 레이저 총을 사용해서 동료들에게 한번 변형을 시험해 보려고 해요. 1/2 배율로 아담과 브라운 함장님을 늘려 볼게요.

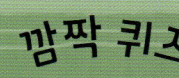

깜짝 퀴즈

아담은 키가 215cm이고 브라운 함장은 150cm예요. 3 배율로 두 사람을 늘리면 두 사람의 키가 얼마나 변할까요?

준비됐나요, 여러분?

두 사람의 크기가 절반으로 줄었어요.

이제는 2 배율로 두 사람을 원래대로 되돌릴게요.

정답 : 아담의 키는 645cm, 브라운 함장의 키는 450cm가 된답니다.

제30과
대칭과 테셀레이션

휴, 이제 제가 정상으로 돌아왔으니 수업을 계속할 수 있겠군요. 오늘은 도형으로 여러 무늬를 만드는 방법을 알아볼게요. 이 방법을 테셀레이션이라고 해요. 하지만 그 전에 대칭에 대해 알아볼게요. 루이스가 저를 도와준다는군요.

초대칭

여러분이 도형 한가운데에 직선을 그리고 직선을 중심으로 양쪽 모양이 거울처럼 완벽하게 같으면 이 도형은 대칭이에요. 루이스를 한번 보세요. 제가 루이스를 반으로 나누는 선을 그었더니 양쪽이 정확하게 같군요. 루이스는 대칭이에요!
이 직선이 바로 **거울의 선** 또는 **대칭축**이라고 해요.

도형에 있는 대칭축의 개수는 도형의 모양을 바꾸지 않고 거울을 배치할 수 있는 위치 수와 같아요. 루이스의 대칭축은 1개랍니다.

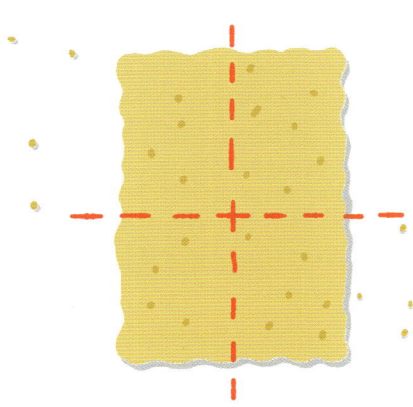

제가 아침에 즐겨 먹는 비스킷의 대칭축은 2개지요.

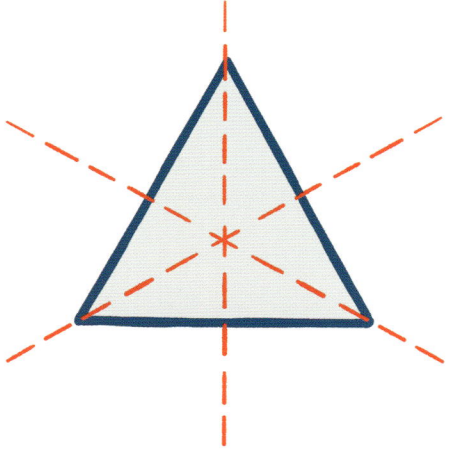

스타십 인피니티호 로고(**정삼각형**)의 대칭축은 3개랍니다.

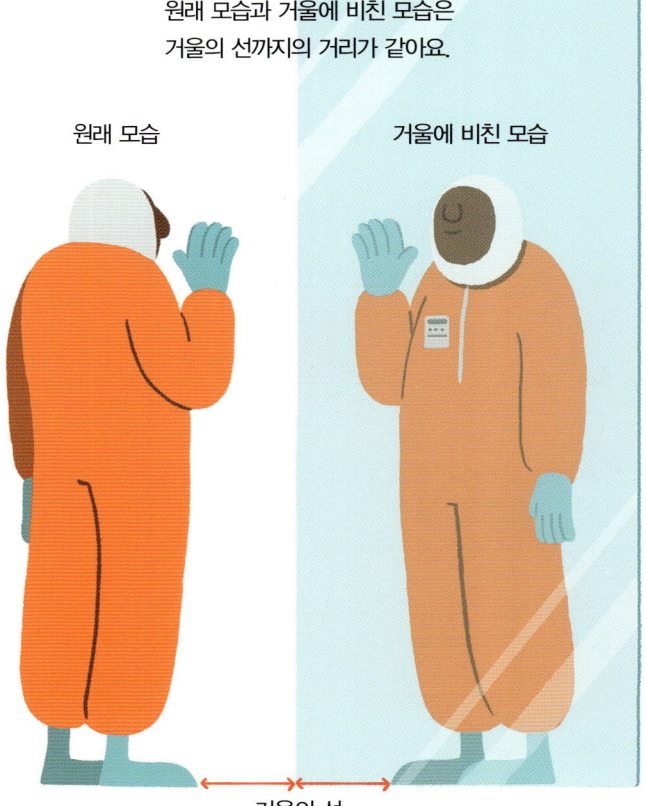

원래 모습과 거울에 비친 모습은 거울의 선까지의 거리가 같아요.

뒤집기

또 다른 도형의 변환은 뒤집기예요. 도형을 뒤집으면 거울에 비친 모습과 똑같지요. 여러분이 거울을 볼 때, 거울에 비친 모습은 거울 앞에 있는 모습과 정확히 같은 거리로 대칭을 이루어요. 다른 모든 것들도 마찬가지고요. 도형이 뒤집히면 뒤집힌 도형의 모습은 거울의 선에서 정확히 같은 거리에 있답니다.

다음 정거장은 테셀레이션 역

똑같은 도형을 서로 겹치지 않게 빈틈없이 끼워 맞춘 무늬를 테셀레이션이라고 해요. 완벽한 테셀레이션을 만들 수 있는 유일한 정다각형은 정삼각형, 정사각형, 정육각형이랍니다.

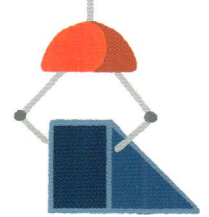

영리한 꿀벌

꿀벌은 정육각형을 끼워 맞춘 벌집에 꿀을 저장해요. 하지만 왜 정육각형 벌집일까요? 벌집을 정육각형으로 만들면 다른 도형으로 만든 것보다 훨씬 적은 벌집 수로 더 많은 꿀을 저장할 수 있거든요. 예를 들어 만약 꿀벌이 정삼각형으로 벌집을 만든다면 6개의 벽을 쌓아야 해요. 인접한 꼭지점의 각도의 합이 360도가 되어야 하기 때문이에요. 하지만 정육각형 벌집은 3개의 벽만 쌓으면 되지요. 즉, 정육각형일 때 벌집을 만드는 시간은 줄어들고 꿀을 만드는 시간은 더 길어진답니다. 참 똑똑한 꿀벌이죠!

SPACE DOCK
우주정거장

깜짝 퀴즈

왼쪽에 있는 단어를 뒤집어 거울에 비춰 보세요. 글자가 어떻게 보일까요? 'SPACE'라는 단어는 뒤섞여 보이지만, 'DOCK'이라는 단어는 원래대로 보일 거예요. 왜 그럴까요? 'DOCK'은 선대칭을 이루는 글자이기 때문이에요. 단어 가운데로 정확하게 가로 선을 그으면 단어의 반쪽이 서로 완벽한 대칭이 되지요. 선대칭을 이루는 단어가 또 있을까요? 한번 생각해 보세요.

3학기

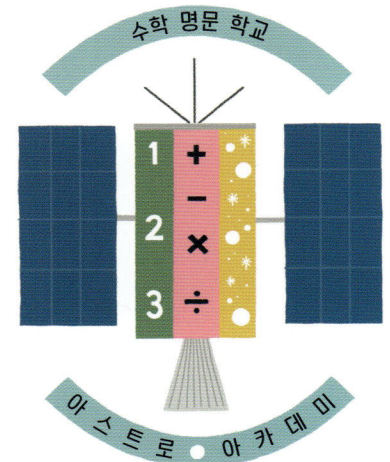

실생활 속의 수학

잘했어요, 훈련생 여러분. 마지막 학기까지 무사히 왔군요. 이제 한 걸음 더 나아가서 실생활에서 수학을 어떻게 활용할지 살펴보려고 해요. 측정과 지도를 익히는 방법, 그래프와 통계를 다루는 방법을 알아보고, 수학으로 천문학을 탐구하는 방법을 익힐 거예요. 천문학을 잘 알아야 스타십 인피니티호에 탑승할 수 있으니까요.

의식하지 못했겠지만, 우리는 일상에서 늘 수학을 활용하고 있어요. 제시간에 약속 장소로 갈 때도 수학을 이용하고, 초콜릿 바를 저렴하게 사는 방법을 알아볼 때도 수학이 필요하지요. 자동차를 설계하고 달 여행에 필요한 연료량을 계산하는 것처럼 수많은 실생활 문제를 해결할 때도 수학을 이용해요. 아참, 빵 굽는 일도 수학이랍니다!

실생활에서 가장 중요한 수학 분야는 단위예요. 오늘날, 우리는 길이를 재는 '미터'나 시간을 재는 '분'과 같은 단위를 당연하게 여겨요. 여러분은 단위가 어떻게 탄생했는지 궁금하지 않은가요? 단위가 없는 세상이 어떨지 상상해 볼까요? 우선 파티를 열 수 없을 거예요. 사람들이 몇 시에 도착해야 할지 알 수 없으니까요. 요리도 힘들 거예요. 재료를 얼마나 조리해야 할지 알 수 없으니까요. 치수가 없다면 옷을 살 때도 곤혹스럽겠지요! 게다가 세밀한 단위가 없었다면 우주에 결코 가지 못했을 거예요. 그러니 이번 학기에는 위대한 측정에 대해 더 자세히 알아보기로 해요.

여러분은 스물세 명의 사람이 모인 방에 두 사람의 생일이 같을 가능성이 50%라는 사실을 알고 있나요? 이 모든 게 확률과 관련 있어요. 이번 학기에 확률도 배워 봅시다. '평균'이라는 말이 무슨 뜻인지 이미 알고 있겠지만, 수학에는 평균, 중간값, 최빈값이라는 서로 다른 세 종류의 대푯값이 있다는 것도 알고 있었나요? 이 유익한 용어들은 통계 수업에서 만나볼 거예요.

3학기가 끝날 때쯤이면 여러분은 세상과 우주를 새로운 시각으로 바라보며 일상 곳곳에 숨은 수학의 놀라움을 확인할 수 있을 거예요. 이제 자리에서 일어나 수학 은하계를 탐험해 봅시다!

제31과
인체의 수학

훈련생 여러분, 꾸물댈 시간이 없어요! 이번 시간에는 우리 주변에 수학이 얼마나 많은지 알아볼 거예요. 수학이 있으리라 예상하지 못했던 뜻밖의 장소들을 포함해서요. 심지어 우리의 몸도 특정한 수학 규칙을 따르고 있어요! 사람들은 키나 몸집이 다 달라요. 몸집이 왜소하거나 거대하기도 하고, 키가 크거나 작기도 하지요. 하지만 생각보다 우리는 비슷비슷하게 생겼어요. 물론 키나 몸집은 모두 다르지만, 몸의 비율은 매우 비슷하답니다.

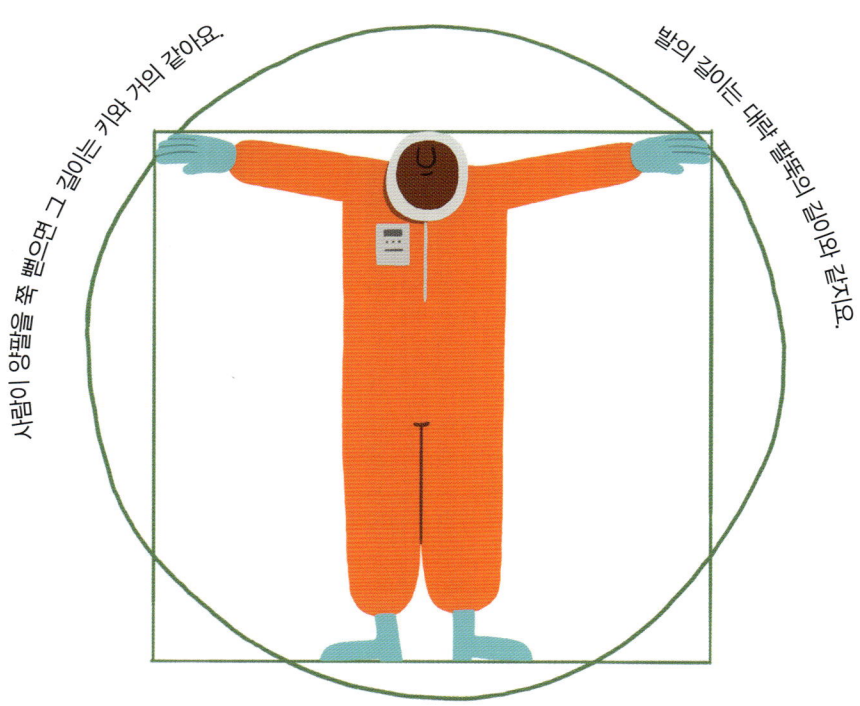

사람이 양팔을 쭉 뻗으면 그 길이는 키와 거의 같아요.

발의 길이는 대략 팔뚝의 길이와 같지요.

사람의 얼굴 길이는 손의 길이와 맞먹어요.

루이스와 아담은 몸집이 매우 다르지만, 똑바로 서면 각자의 키는 대략 자신의 머리 7개를 쌓아올린 높이와 같아요. 대다수의 어른도 마찬가지예요. 아기들은 몸집보다 머리가 크지요. 아직 배울 게 너무 많으므로 뇌가 커야 해요. 사람들이 성장하는 동안 팔과 다리, 몸통은 쑥쑥 자라지만, 머리는 거의 자라지 않는답니다.

거울아, 거울아

얼굴에서도 몇 가지 규칙을 찾을 수 있어요. 여러분의 두 눈은 대략 눈 한 개의 너비만큼 떨어져 있고, 머리 윗부분과 턱 사이쯤에 있지요. 그리고 사람들의 귀는 대부분 코의 윗부분부터 시작하여 코의 아랫부분에서 끝나요. 거울을 보며 직접 확인해 보세요!

깜짝 퀴즈

여러분의 발 길이는 팔뚝 길이와 같나요?
끈 위에 발 길이를 표시하고, 똑같은 간격으로 일곱 개의 점을 찍어 보세요.
그 끈으로 신체 부위를 재 보면, 각 길이는 얼마일까요?
1. 손목에서 팔꿈치까지
2. 머리둘레
3. 주먹을 불끈 쥐었을 때 가장 넓은 부분의 둘레
4. 키

친구에게도 각 길이를 재어 보라고 요청한 뒤, 여러분의 비율과 같은지 확인해 보세요.

알, 오늘 멋진데!

제32과
단위를 익히자

단위를 알면 여러 가지 물건의 양과 크기를 비교할 수 있어요. 옛날 사람들은 신체 부위로 물체를 측정했지요. 이때 '피트'와 '야드'라는 용어가 탄생했어요. 하지만 사람의 발 길이가 모두 같지 않으므로 저마다 의견이 달랐지요!

고대 이집트인들은 처음으로 표준화한 단위를 사용했어요. 파라오의 팔꿈치부터 그의 가운뎃손가락 끝까지의 길이를 로열 큐빗이라고 했지요. 이집트인들은 나라 전역으로 전달된 화강암으로 만든 로열 큐빗 덕분에 놀라운 건축물을 지을 수 있었어요. 피라미드를 쌓은 사각형 덩어리는 모두 큐빗 막대로 측정되었으므로 크기가 일정했지요. 하지만 특정 지역에만 해당했던 측정법이라 다른 나라와 왕래하거나 교역할 때는 알맞지 않았답니다.

야드 : 코끝에서 엄지손가락 끝까지
패덤 : 양팔을 벌린 길이
큐빗 : 팔꿈치 끝에서 가운뎃손가락 끝까지
핸드 : 엄지를 포함한 손의 너비
섬 : 엄지손가락에서 가장 두꺼운 너비
피트 : 사람의 발 길이

경이로운 미터

프랑스 과학 아카데미는 보편적이고 변하지 않는 '지구'를 기준 삼아 길이를 측정하는 단위를 만들기로 했어요. 그래서 미터가 탄생했지요. 당시 미터는 북극에서 적도까지 거리의 1천만분의 1에 해당하는 길이었어요. 공인된 미터 막대가 1799년에 백금으로 만들어졌고 복사본이 전 세계에 전달되었지요. 미터는 국제적인 길이 단위가 되었답니다.

국제 표준 단위

국제 표준 단위(SI : Système International)는 가장 널리 쓰이는 단위 표기법이에요. 총 7개의 단위가 있으며, 각각 서로 다른 사물을 측정한답니다.

무엇을 잴까?	단위	기호
길이	미터	M
시간	초	S
온도	켈빈	K
질량(무게)	킬로그램	KG
빛의 밝기	칸델라	CD
전류	암페어	A
물질량	몰	MOL

단위의 크기

단위를 더 크게 또는 더 작게 만들어야 한다면 측정 단위의 시작 부분에 접두어를 붙이면 돼요. 예를 들어 접두어 '킬로'는 1,000을 곱했다는 뜻이므로 '킬로미터'는 1,000미터를 말하지요. 가장 많이 사용하는 접두어는 다음과 같답니다.

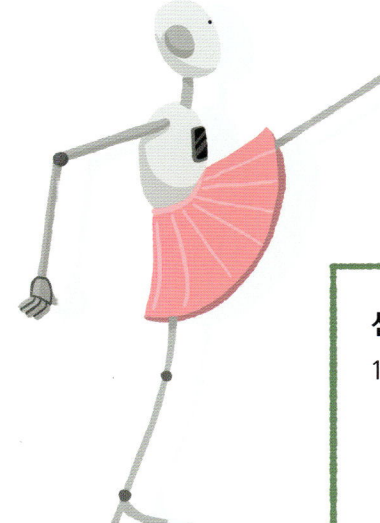

기가
10억 배
(10억 년은 1기가 년)

메가
100만 배
(컴퓨터 100만 B만큼의 용량은 1MB)

킬로
1,000배 (1km는 1,000m)

센티
100분의 1 (1m는 100cm)

밀리
1,000분의 1 (1m는 1,000mm)

뒤죽박죽 단위

몇몇 사람들은 높이를 잴 때 여전히 피트와 인치를 포함하는 단위를 쓰기도 해요. 이러한 단위 표기법을 야드파운드법이라고 하지요. 1999년, 나사는 1억 2천 5백만 달러를 들인 화성 궤도선을 잃었어요. 왜냐하면 한 기술팀은 야드파운드법을 사용했지만, 다른 팀은 국제 표준 단위를 사용했기 때문이랍니다. 세상에!

깜짝 퀴즈

여러분은 이 단위를 계산할 수 있나요?

1. 0.08m는 몇 cm일까요?
2. 4000m는 몇 km일까요?
3. 0.009m는 몇 mm일까요?

정답 : 1. 8cm, 2. 4km, 3. 9mm

제33과
우주의 거리

우주의 거리는 상상할 수 없을 만큼 멀어요. 그래서 우주의 거리를 재려면 미터보다는 훨씬 큰 단위가 필요하지요. 태양계는 태양과 그 주위를 도는 8개의 행성이 있는 구역을 말해요. 태양계의 크기를 이해하려면 지구의 크기를 먼저 생각하는 게 좋아요. 여러분이 지구의 한가운데를 지나 반대편까지 곧장 차를 몰고 간다면, 약 일주일 정도 걸릴 거예요. 꽤 멀어 보이죠! 하지만 이제 지구가 포도 알만 한 크기라고 상상해 봐요. 지구가 포도 알이라면, 태양은 거대한 비치볼만 한 크기로 지구에서 150m 떨어져 있어요. 지구에서 가장 먼 행성인 해왕성은 테니스 공만 한 크기로 축구장 약 50개만큼 떨어져 있답니다. 해왕성까지 운전하려면 약 7,000년이 걸릴걸요! 태양계 전체가 은하수나 거대한 우주보다 훨씬 작은 모래 알갱이라고 상상해 보면, 왜 천문학자들이 엄청난 단위로 이 모든 거리를 재려고 했는지 알 수 있답니다. 이제 여러분에게 천문단위와 광년, 파섹을 소개해 볼게요.

태양

수성

천문단위
(꽤 가까운 거리를 잴 때)

천문단위(AU)는 태양계에 있는 천체 사이의 거리를 측정할 때 사용해요. **1AU는 태양과 지구 사이의 평균 거리이며, 약 1억 5천만 km지요.** 그 거리를 비행하려면 20년이 넘을 거예요. 토성에서 태양까지의 거리가 10AU이므로, 토성은 지구보다 10배 더 멀리 태양과 떨어져 있답니다.

지구가 포도 알 크기라면 해왕성은 지구에서 축구장 50개의 거리만큼 떨어져 있을 거예요.

파섹
(아주 아주 먼 거리를 잴 때)

파섹은 은하 사이의 거리와 같은 정말 거대한 우주 거리를 재는 측정 단위예요. 1파섹은 3.26광년과 같지요. 훨씬 더 먼 거리를 잴 때는 킬로파섹(1,000파섹)이나 메가파섹(100만 파섹)을 사용해요. 우리 은하는 대략 34킬로파섹으로, 약 11만 광년이랍니다.

광년
(멀리 떨어진 거리를 잴 때)

1광년은 한 줄기 빛이 1년 내내 이동하는 거리예요. 빛은 매우 빨리 이동하지요. 여러분이 빛의 속도로 달릴 수 있다면, 지구를 1초에 7번 이상 돌 수 있어요. 1광년은 약 10조(10,000,000,000,000) km예요. 태양계에서 가장 가까운 별인 프록시마 센타우리라는 4.3광년(40조 km 이상) 떨어져 있답니다.

깜짝 퀴즈

안드로메다은하는 우리 은하에서 $3/4$ 메가파섹 떨어져 있어요. 솜브레로은하가 안드로메다은하보다 11과 $1/4$ 메가파섹 더 멀리 떨어져 있다면, 우리 은하에서는 몇 메가파섹 떨어져 있을까요?

정답: 우리 은하로부터 솜브레로은하는 12메가파섹(3/4메가파섹+11과 1/4메가파섹) 떨어져 있어요.

제34과
시간을 재 보자

손목시계나 벽시계가 발명되기 전에는 시간을 재기가 힘들었어요. 그래서 영리한 고대 이집트인들이 시간을 알려주는 도구를 발명했지요. 바로 해시계예요. 하지만 해시계는 단점이 있었어요. 흐린 날이나 밤에는 시간을 볼 수 없었거든요!

최초의 기계식 시계인 해시계가 14세기에 발명되었지만, 사람들은 매일 해가 머리 바로 위에 오는 정오에 시간을 설정해야 했어요. 그러다 보니 마을마다 정오가 되는 시간이 조금씩 달랐고, 이러한 시차는 영국에 철도가 생겼을 때 많은 문제를 일으켰지요. 사람들은 역을 지날 때마다 시계를 다시 맞춰야 했거든요! 결국 영국 전역에 '철도 시간'이라는 표준 시간이 처음 소개되었답니다.

1시간이 왜 60분일까요?

하루는 24시간, 1시간은 60분, 1분은 60초예요. 하지만 왜 그럴까요? 이러한 시간 체계는 4,000년 전에 살았던 고대 바빌로니아 사람들에게서 유래했어요. 그들은 오늘날 우리가 쓰는 10진법 대신, 60진법을 사용했지요. 60이라는 숫자는 시간을 재는 데 편리했어요. 5분, 10분, 15분 등 시간을 더 작은 덩어리로 나누기에 수월했답니다.

아날로그시계

아날로그시계는 하루 24시간을 반으로 나누어요. 자정부터 정오까지 하루의 첫 12시간은 '오전(a.m.)'이라고 해요. (a.m.은 '정오 전'을 뜻하는 라틴어 ante meridiem의 첫 글자를 땄어요.) 다음 12시간인 정오부터 자정까지는 '오후(p.m.)'라고 하지요. (p.m.은 '정오 후'를 뜻하는 라틴어 post meridiem에서 왔어요.) 아침 8시에 아침 식사를 하겠지만, 오후 8시에는 아마 잠자리에 들겠군요.

디지털시계

디지털시계는 하루를 24시간으로 세어요. 낮 12시 이후에도 시계의 숫자가 계속 늘어나지요. 오후 1시는 13시, 오후 2시는 14시예요. 자정이 되면 시계가 00:00로 다시 설정되어 24시간이 다시 시작된답니다.

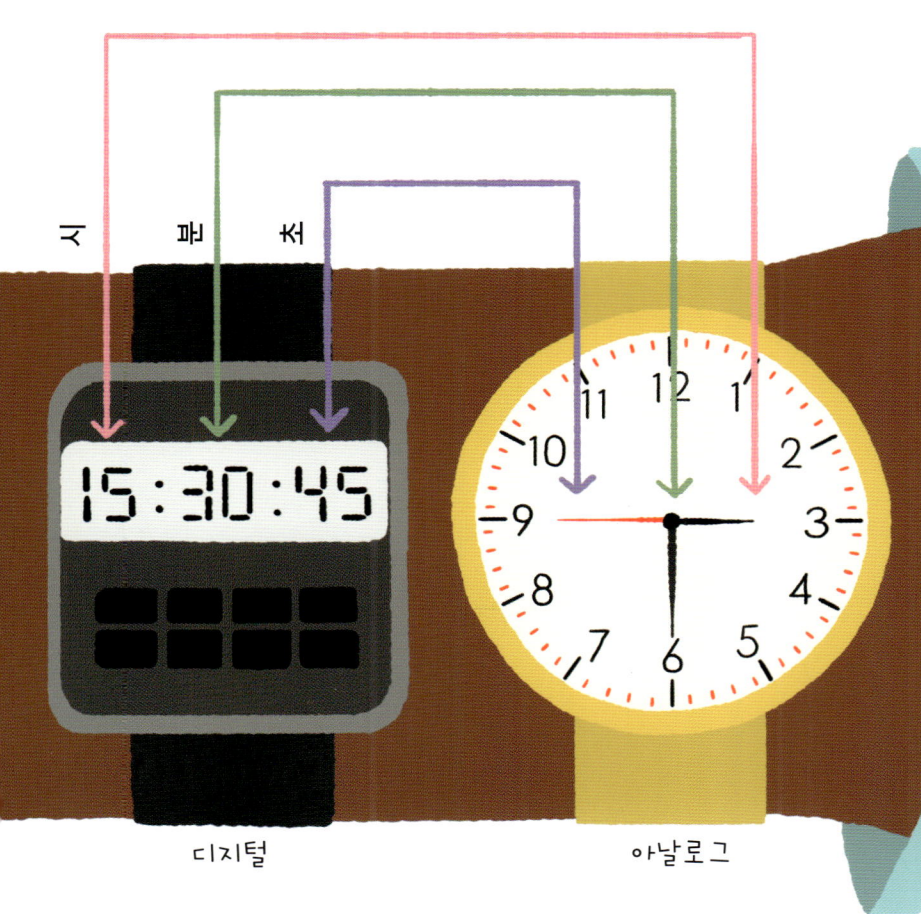

디지털 / 아날로그

이상하지만 사실이에요

1793년, 프랑스는 1일을 10시간, 1시간을 100분, 1분을 100초로 나누는 법령을 만들었어요. 하지만 이 제도는 인기를 얻지 못했답니다.

깜짝 퀴즈

우리는 스타십 인피니티호를 디지털 시간으로 운영하지만, 조수가 실수로 아날로그 시간에 맞춰 저의 일정을 설정했군요. 다음 시간을 디지털 시간으로 바꿀 수 있나요?

1) 오전 8시 30분 : 오전 브리핑
2) 오후 12시 30분 : 루이스와 점심 식사
3) 오후 4시 : 함장님과 만나 블랙 히드라 위협 논의
4) 오후 7시 30분 : 은하계 친선 축구 경기

정답 : 1. 08:30, 2. 12:30, 3. 16:00, 4. 19:30

제35과
속력이 필요해

자, 오늘 배울 내용은 속력이에요. 속력이란 물체의 빠르기를 말해요. 속력의 단위는 '미터 매 초' '킬로미터 매 시'라고 자주 표현하지요. 하지만 여기서 '매'는 무엇을 의미할까요? 속력에서 매는 뒤에 오는 시간 단위에 따라 쉽게 말해 '1초나 1분, 또는 1시간'을 뜻해요. 치타가 29미터 매 초로 달린다면, 매초 29m 혹은 초속 29m를 달린다는 뜻이랍니다. 정말 빠르군요!

속력을 계산하려면 두 가지를 알아야 해요. 이동하는 거리와 그 거리를 이동하는 데 걸리는 시간이지요. 여기서 중요한 점은 바로 **속력은 거리를 시간으로 나눈 값이라는 거예요. 따라서 속력=거리÷시간이랍니다.**

승무원들이 비행 경주를 할 모양이군요. 누가 이길까요? 답은 쉬워요! 우리는 어떤 우주선이 가장 빠른 속력으로 달리는지 보기만 하면 되니까요. 하지만 어떤 우주선이 가장 빠른지 어떻게 알 수 있을까요? 킬로미터 매 시와 미터 매 초를 어떻게 비교할까요? 센티미터 매 분과 킬로미터 매 분은 어떻게 비교해야 할까요? 먼저 한 종류의 속력 단위를 선택한 뒤 그것에 맞게 다른 모든 종류의 속력을 바꿔야 해요. 우리는 시속 1㎞로 맞출게요.

에바가 탄 스페이스 주머의 최고 속력은 분속 2km예요.

알은 최고 속력이 시속 460km인 블랙 히드라 순찰차를 타고 있어요.

디는 최고 속력이 초속 65m인 감마트로이드 요격기로 경주하고 있어요.

알의 속력은 이미 킬로미터 매 시이므로 단위를 바꿀 필요가 없어요. 알의 최고 속력은 시속 460km랍니다.

에바의 속력은 분속 2km이므로 시속으로 바꿔야 해요. 1시간은 60분이므로, 1시간당 갈 수 있는 거리는 1분당 가는 거리의 최대 60배예요. 따라서 2km에 60을 곱하면 시속 120km가 된답니다.

다음은 디의 감마트로이드 요격기 차례예요. 이번에는 초속 65m를 킬로미터 매 시로 바꿔야 하지요. 1초보다 훨씬 더 먼 1시간 동안 가는 거리를 구해야 하므로 역시 곱셈을 이용할게요.

1분은 60초, 1시간은 60분이므로, 1시간은 60×60=3,600초예요. 요격기가 1초당 65m를 비행한다면, 1시간당 65m×3,600초=234,000m를 비행할 수 있답니다.
미터 매 시는 킬로미터 매 시로 어떻게 바꿀까요? 1km는 1,000m예요. 따라서 우리는 미터(m)보다 더 큰 단위인 킬로미터(km)로 바꾸어야 하지요. 나눗셈을 이용하면 돼요. 시속 234,000m를 1,000m로 나누면 시속 234km로 바꿀 수 있어요. 어때요! 디의 요격기는 시속 234km로 날아간답니다.

다음으로 아담은 1분당 200cm로 날아가는 탐사선을 타요. 아담이 1시간에 몇 cm의 거리를 이동하는지 알아내려면 우선 200에 60을 곱해요. 따라서 1시간에 200×60=12,000cm랍니다. 그렇다면 이 값은 1시간당 몇 km일까요? 1m는 100cm, 1km는 1,000m이므로, 1km는 100×1,000cm, 즉 100,000cm가 돼요. 이제 12,000을 100,000으로 나누면 시속 0.12km가 나와요. 불쌍한 아담. 걷는 게 더 빠를 거예요!

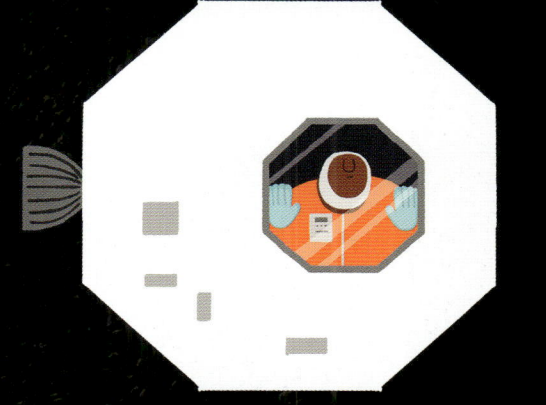

아담이 탄 옥토펀트 탐사선은 최고 속력이 분속 200cm예요.

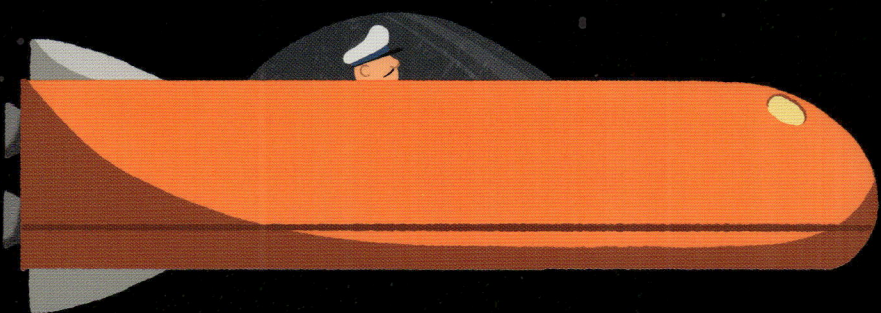

브라운 함장님의 은하 방어선은 최고 속력이 초당 100m예요.

깜짝 퀴즈

디의 요격기 속력을 계산한 방법으로 브라운 함장님의 속력을 킬로미터 매 시로 계산해 볼까요? 누가 비행 경주에서 이길까요?

정답: 브라운 함장님의 은하 방어선은 시속 360km로 비행해요. 비행 경주의 우승자는 알 자크리에요. 알의 속력이 시속 460km로 가장 빠르답니다.

제36과
통계란 무엇일까?

제가 가장 좋아하는 수학 분야는 바로 통계랍니다. 통계는 자료에 관한 연구예요. 자료를 수집하고 나타내는 법을 연구하지요. 외계인의 키, 승무원의 신발 크기 또는 우주선 속력 등 많은 숫자가 등장하는 자료를 다룰 때 통계를 알면 그 숫자들을 분류하고 이해할 수 있어요. 그래서 저는 통계를 보고 나면 마음이 정말 편하답니다!

대푯값 찾기

통계에서 가장 중요한 개념 중 하나는 바로 **대푯값**이에요. 어떤 값들의 대표적인 특징을 나타내는 숫자이지요. 대푯값에는 **평균과 중간값, 최빈값**이 있어요. 태양계의 위성을 살펴볼게요. 우선 명왕성을 행성으로 포함할게요. 이렇게 하면 중간값을 쉽게 계산할 수 있거든요. 그 이유는 나중에 알 수 있어요. 행성 아래에 적은 숫자는 각 행성의 위성의 개수예요.

어떤 자료의 **평균**을 구하려면 모든 자료의 값을 더하고 나서 자료의 개수로 나누면 돼요. 따라서 여기서는 위성의 개수를 더한 뒤 행성의 개수로 나누면 된답니다.

0+0+1+2+69+62+27+14+5=180개(위성의 총 개수)
180÷9(행성 개수)=20

즉, 위성의 평균 개수는 20개예요.

중간값을 구하려면 자료를 크기순으로 배열한 뒤 가운데에 있는 숫자를 찾으면 돼요. 그래서 위성의 개수를 크기순으로 배열해 봤어요.

0 0 1 2 5 14 27 62 69

위성 개수의 중간값은 5예요. 5가 중간에 있는 숫자이니까요. 명왕성을 왜 행성에 포함했는지 이제 알 수 있겠지요? 자료의 개수가 홀수여야 중간값을 찾는 게 더 쉽답니다.

자료의 개수가 짝수면 중간값이 **두 개**예요. 그때는 두 값의 **평균**을 구해 전체 자료의 중간값을 찾으면 된답니다.

최빈값을 구하려면 자료에서 가장 많이 등장하는 값을 찾으면 돼요. 위성 개수의 최빈값은 0이에요. 여기서 2번 이상 등장하는 유일한 숫자랍니다.

태양계 위성의 평균 개수는 여러분이 사용하는 대푯값의 종류에 따라 20개나 5개, 0개가 될 수 있어요! 평균은 대푯값을 찾는 매우 유용한 방법이지만 주의가 필요해요. 자료 중에 유독 크거나 작은 값이 조금이라도 있으면 값이 왜곡될 수 있어요. 목성과 토성은 다른 행성보다 위성의 개수가 많으므로 이 값들이 평균을 끌어올리고 있지요. 이 자료에서는 중앙값이 위성의 평균 개수를 잘 알려주고 있답니다.

목성 69 토성 62 천왕성 27 해왕성 14 명왕성 5

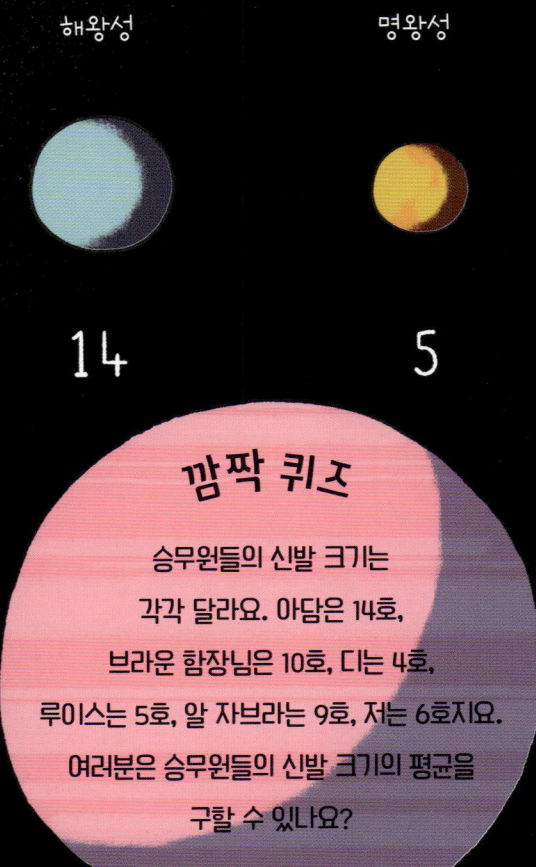

깜짝 퀴즈

승무원들의 신발 크기는 각각 달라요. 아담은 14호, 브라운 함장님은 10호, 디는 4호, 루이스는 5호, 알 자브라는 9호, 저는 6호지요. 여러분은 승무원들의 신발 크기의 평균을 구할 수 있나요?

정답 : 신발 크기의 평균은 8호입니다. 48÷6=8호랍니다.

제37과
한눈에 보기 쉬운 그래프

그래프를 보면 한눈에 자료를 볼 수 있어 매우 편리해요. 일일이 숫자를 세지 않고도 여러 자료를 비교할 수 있지요. 그래프는 종류도 다양하답니다.

막대그래프

막대그래프에서 막대는 길이마다 각각 다른 값을 나타내요. 아래에 있는 막대그래프는 화요일에 우주 매점에서 판매된 디저트의 양을 보여 주네요.

그림그래프

그림그래프는 숫자가 필요 없어요. 그림이 숫자를 나타내거든요. 아래 그림그래프를 보면 지난 수요일 저녁에 스타십 인피니티호에서 참여자가 가장 많은 활동이 무엇이었는지 알 수 있답니다.

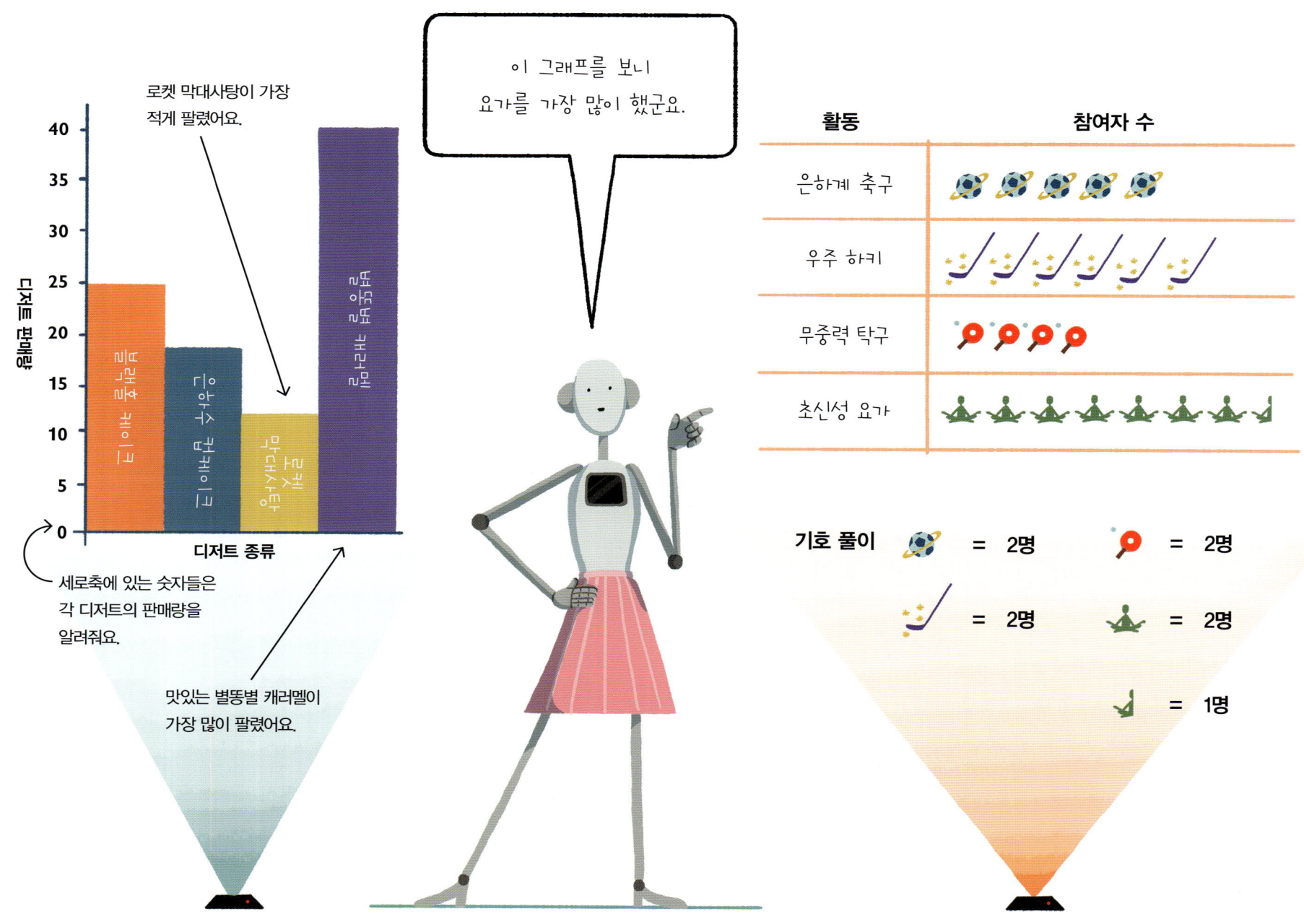

이 그래프를 보니 요가를 가장 많이 했군요.

로켓 막대사탕이 가장 적게 팔렸어요.

세로축에 있는 숫자들은 각 디저트의 판매량을 알려줘요.

맛있는 별똥별 캐러멜이 가장 많이 팔렸어요.

기호 풀이
⚽ = 2명   🏓 = 2명
🏒 = 2명   🧘 = 2명
= 1명

선 그래프

선 그래프는 막대그래프와 비슷하게 생겼지만, 막대 윗변의 중점을 선으로 연결해서 그린 그래프예요. 아래에 있는 선 그래프는 브라운 함장님이 우주 탐사차를 타고 복도를 따라 질주하는 속력을 보여준답니다.

원그래프

원그래프는 부채꼴 모양의 조각으로 자료의 크기를 나타내요. 원그래프는 비율을 나타내는 데 편리하지요. 아래 원그래프는 최근 은하계 협의회에 참석한 회원 12명의 구성을 보여 주고 있답니다.

회의에 참석한 12명의 회원 중 3명은 사람이므로, 사람은 원그래프의 1/4을 차지해요(3은 12의 4분의 1이니까요).

플리글워퍼는 1마리만 참석했으므로 전체의 1/12이지요.

옥토펀트는 2마리가 참석했으므로 원그래프에서 차지하는 비중은 2/12, 즉 1/6이랍니다.

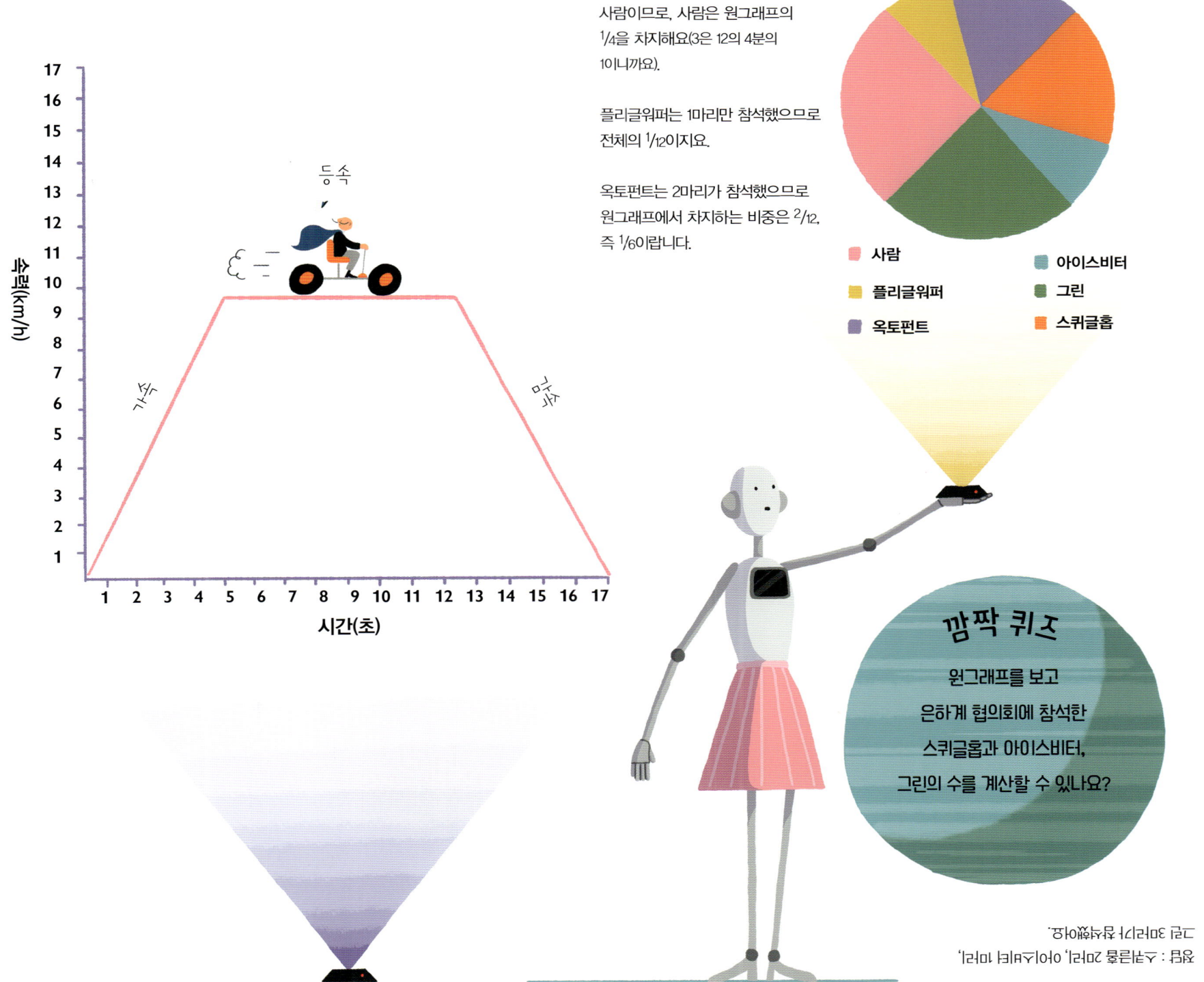

■ 사람　　■ 아이스비터
■ 플리글워퍼　■ 그린
■ 옥토펀트　　■ 스퀴글홉

깜짝 퀴즈

원그래프를 보고 은하계 협의회에 참석한 스퀴글홉과 아이스비터, 그린의 수를 계산할 수 있나요?

정답: 스퀴글홉 2마리, 아이스비터 1마리, 그린 3마리가 참석했어요.

제38과
확률의 뜻

내일은 해가 뜰까요? 복권을 사면 당첨될 수 있을까요? 아담이 저녁 식사 시간에 한 그릇 더 먹겠다고 할까요? 이 질문들의 답을 찾으려면 확률을 알아야 해요. 확률은 어떤 일이 일어날 가능성을 나타내는 방법이랍니다.

확률의 범위는 0에서 1까지예요. 불가능한 일은 절대 일어나지 않아요. 따라서 확률은 0%, 1분의 0이지요(또는 $0/1$으로도 쓸 수 있어요). 아니면 그냥 0이라고 해요. 확실히 일어날 일은 반드시 일어나요. 이때의 확률은 100%, $1/1$ 또는 단순히 1이라고 말하지요. 모든 확률은 0과 1 사이에 있어요. 어떤 일이 일어날 가능성이 매우 크다면, 우리는 확률이 매우 높다고 말해요. 어떤 일이 일어날 것 같지 않다면, 확률이 낮다고 말한답니다.

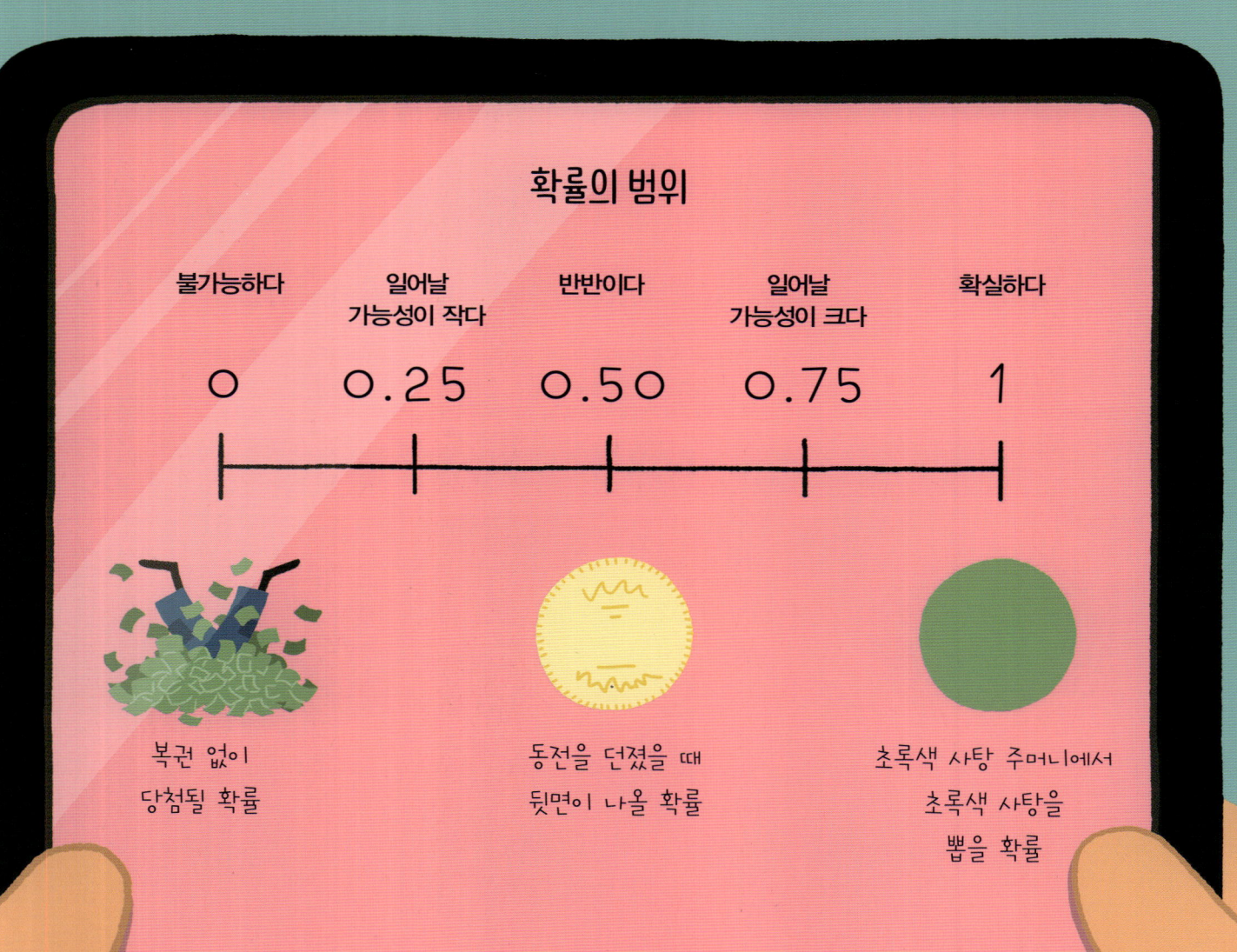

확률 퍼즐

이건 사탕 뽑기 기계예요. 손잡이를 당기면 사탕이 무작위로 나오지요. 사탕은 총 10개이고 그중 8개가 파란색이므로, 파란색 사탕을 고를 확률은 8/10, 0.8, 또는 80%로 꽤 높답니다.

최고의 수학자들까지도 당황하게 만드는 확률 퍼즐이 있답니다. 거꾸로 뒤집은 컵 A, B, C가 있다고 해 볼게요. 그중 컵 하나에만 토성 모양의 금화가 숨겨져 있어요. 여러분이 B를 골랐다고 해 보죠. 이때 여러분이 고른 컵에 금화가 있을 확률은 1/3이겠죠? 그런 다음 제가 C를 들어 올려서 그 안이 비어 있다는 것을 보여 줘요. 이제 여러분에게 다른 컵을 고르고 싶은지 물어볼게요. 그래도 B를 고를래요? 아니면 A로 바꿀 건가요?

아마 여러분은 어느 컵을 고르든 별 차이가 없다고 생각할지도 몰라요. A 아래에 금화가 있을 확률이나 B 아래에 있을 확률이 모두 1/3이라고 하겠지요. 하지만 틀렸어요! 이때 A 아래에 금화가 있을 확률은 2/3이지만, B 아래에 있을 확률은 여전히 1/3이니까요. 따라서 컵을 다시 골라야 해요. 이상하게 들리나요? 아래 그림을 보면 잘 이해할 수 있답니다.

깜짝 퀴즈

분홍색 사탕을 뽑을 확률을 분수, 소수, 백분율로 구할 수 있나요? 초록색 사탕을 뽑을 확률은 얼마일까요?

정답: 분홍색 사탕을 뽑을 확률은 2/10, 0.2 또는 20%예요. 초록색 사탕을 뽑을 확률은 0이랍니다.

	선택1	선택2	선택3
첫 번째 여러분이 컵 하나를 골랐을 때 금화가 들어 있을 확률은 1/3이에요. ↓	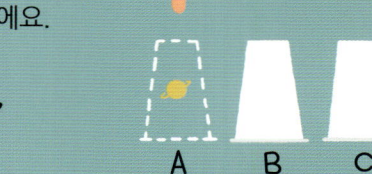	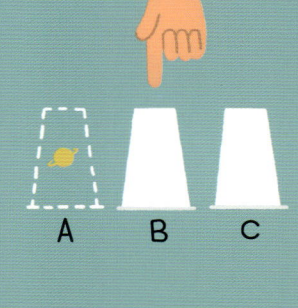	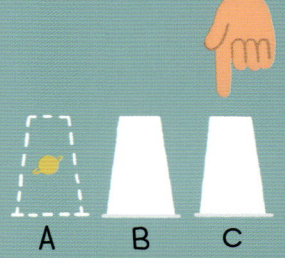
두 번째 제가 비어 있는 컵 하나를 들어 올려요. ↓	 다시 고름	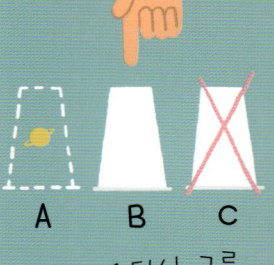 다시 고름	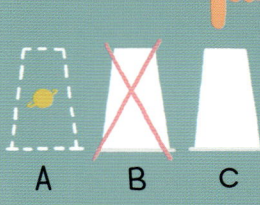 다시 고름
세 번째 여러분이 컵을 다시 골라요. 금화가 들어 있을 확률은 2/3이네요.	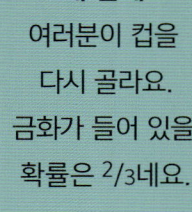 금화가 없어요.	 금화가 있어요.	 금화가 있어요.

제39과
지도와 나침반

우주에서 나침반이 어디를 가리킬지 생각해 본 적 있나요? 아마도 별로 없겠지요. 나침반은 자기장에 의해 움직여요. 지구의 중심부가 주로 철로 이루어져 있기 때문에 지구는 거대한 자석과 같아요. 이렇게 자성의 성질을 띠는 지구 중심부에 의해 큰 자기장이 만들어져요. 여러분이 지구의 자기장 영역 안에 있다면, 나침반은 북극을 가리킬 거예요. 여러분이 어떤 행성이나 별이든 자기장이 닿지 않는 곳에 있다면 나침반은 아무 소용도 없겠지만, 지도와 나침반을 다루는 법은 반드시 배워야 할 기술이에요. 새로운 행성에 착륙하면 지도와 나침반이 꼭 있어야 하거든요.

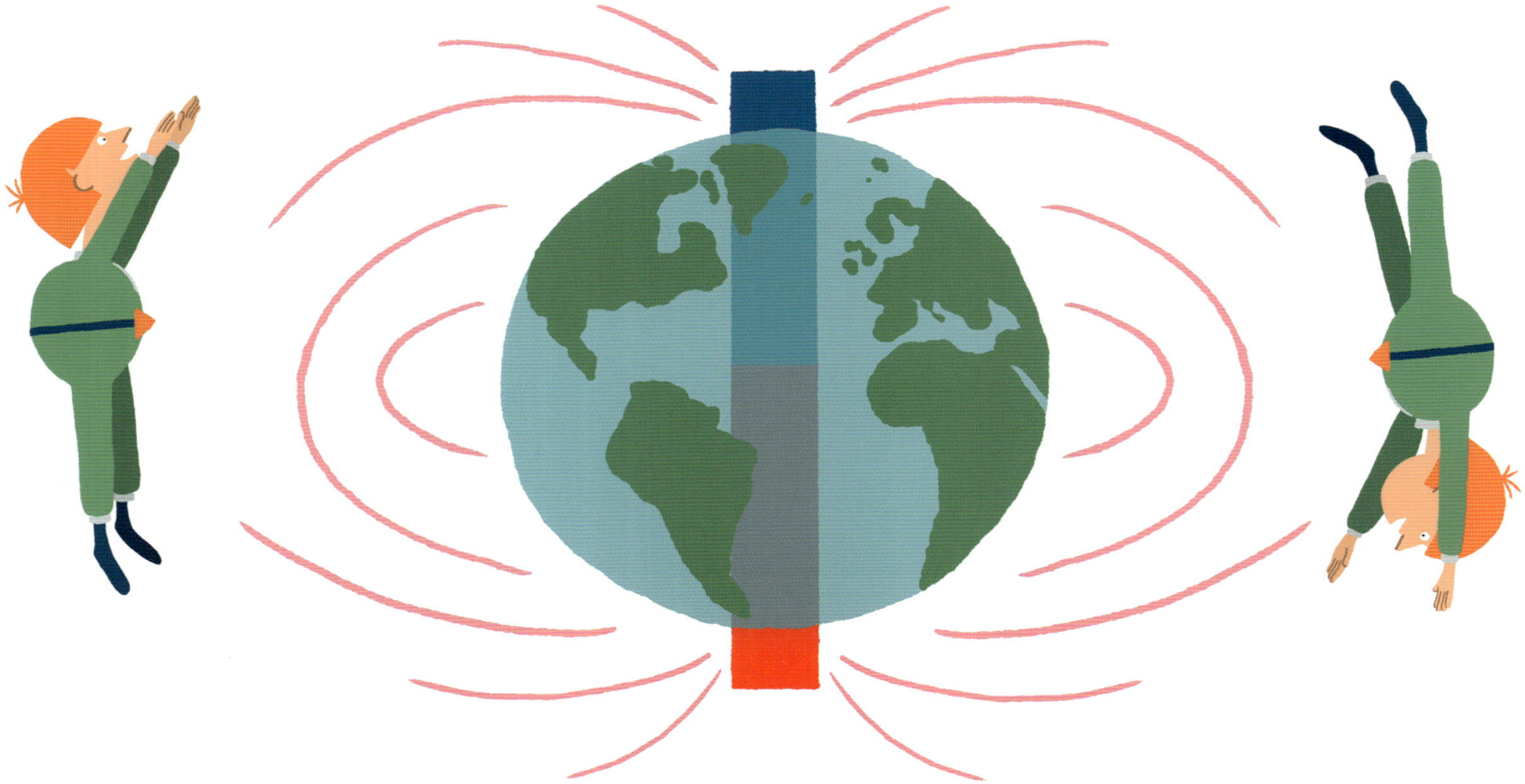

나침반의 방향

오늘 우리는 노바테라 행성을 방문할 예정이에요. 여러분은 지도와 나침반을 준비하세요. 나침반이 가리키는 주요 방향은 여덟 곳이에요. **나침반 바늘의 빨간 끝은 항상 북쪽을 가리키죠.** 빨간 바늘을 나침반 'N'에 맞추면, 어느 쪽이 무슨 방향인지 알아낼 수 있답니다.

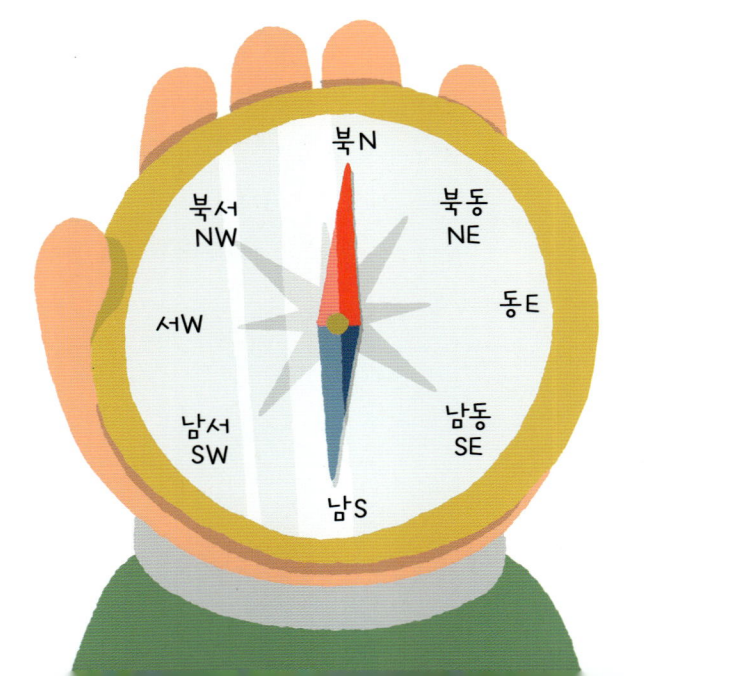

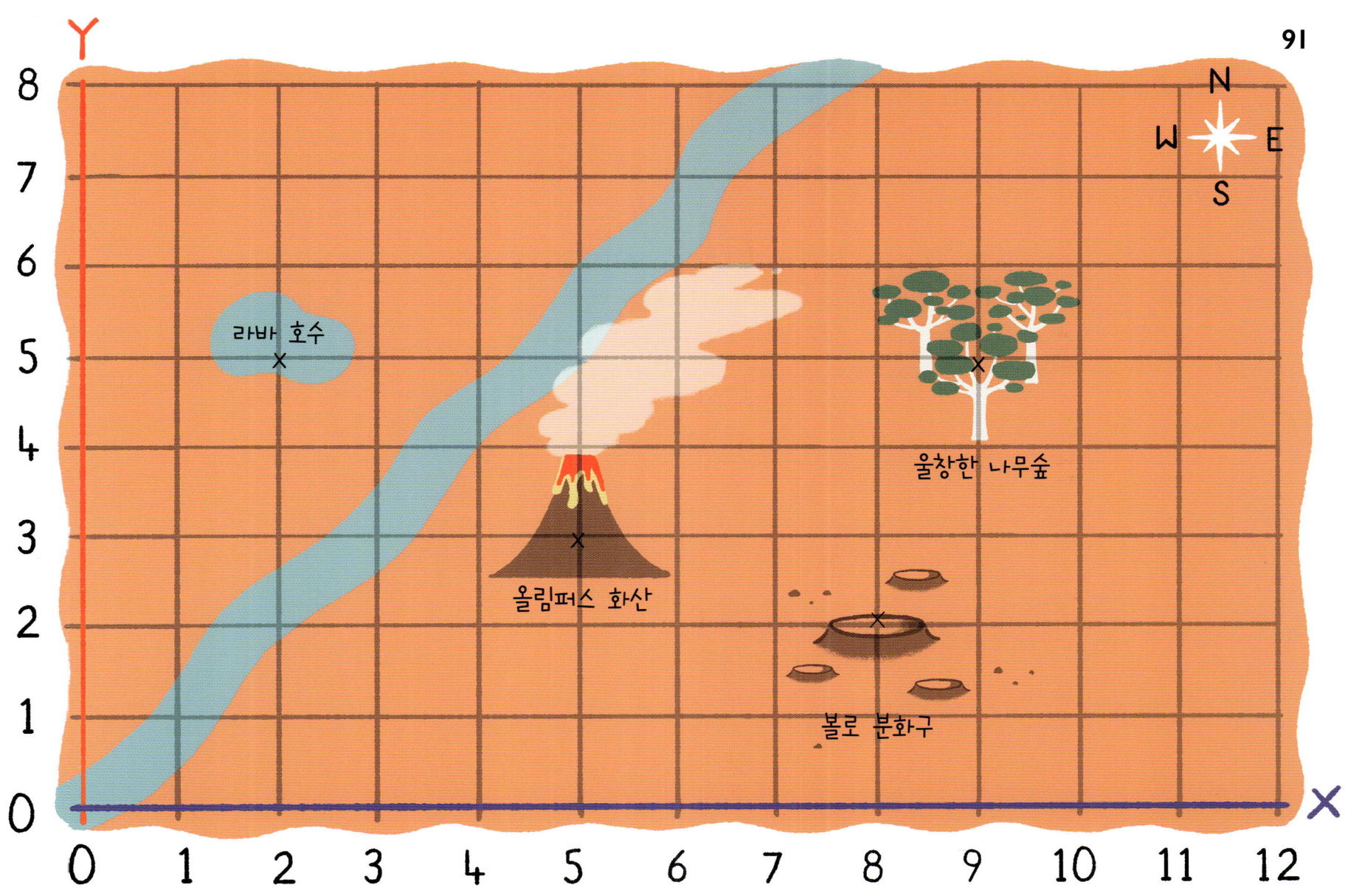

우리가 라바 호수에서 출발해 동쪽으로 3칸, 남쪽으로 2칸을 걸으면, 올림퍼스 화산에 도착할 수 있어요. 만약 울창한 나무숲에서 출발해 남쪽으로 3칸, 서쪽으로 1칸 걸으면, 우리는 볼로 분화구에 도착하게 된답니다.

이상하지만 사실이에요

대부분 지도 맨 위에 북쪽에 있지만, 항상 그렇지는 않아요. 고대 지도를 살펴보면 대부분 동쪽이 맨 위에 있지요. 동쪽에서 태양이 뜨니까요.

좌표

지도를 보면 가로에 X축이 있고, 세로에 Y축이 있어요. 우리는 노바테라 행성의 중요 위치가 적힌 목록을 받았어요. 따라서 각 위치의 지도상 좌표를 적어 두어야 해요. 라바 호수의 좌표는 무엇일까요? 먼저 X축을 읽은 뒤 Y축을 읽으면 돼요. 라바 호수의 좌표는 (2, 5)랍니다.

깜짝 퀴즈

노바테라 행성에 있는 주요 지점의 좌표를 적어 볼까요?

1. 올림퍼스 화산
2. 울창한 나무숲
3. 볼로 분화구

정답 : 1. (5, 3) 2. (9, 5) 3. (8, 2)

제40과
화성 탐사 임무

사랑하는 훈련생 여러분, 드디어 마지막 수업이랍니다! 그동안 정말 멋진 여행이었어요! 마지막 수업에서는 지금까지 배운 수학을 이용해 지구에서 화성으로 향하는 계획을 세워볼 거예요. 화성을 여행하는 가장 편한 길은 무엇일까요?

직선이요? 행성을 옮겨 다니는 여행에서는 그렇지 않아요! 우리가 별이나 행성 가까이 가면, 그곳의 중력이 우주선을 끌어당겨 우리를 별 궤도에 올려놓거든요. 이 중력을 벗어나려면 연료가 아주 많이 필요해요. 가장 좋은 방법은 연료를 많이 소모하지 않고도 목적지까지 이끌어 주는 중력의 힘을 이용하는 거예요. 이 방법을 **궤도 전이**라고 하는데, 궤도 전이를 이용하면 지구 궤도에서 화성 궤도로 이동할 수 있어요. 그러려면 기하학을 잘 알아야 한답니다!

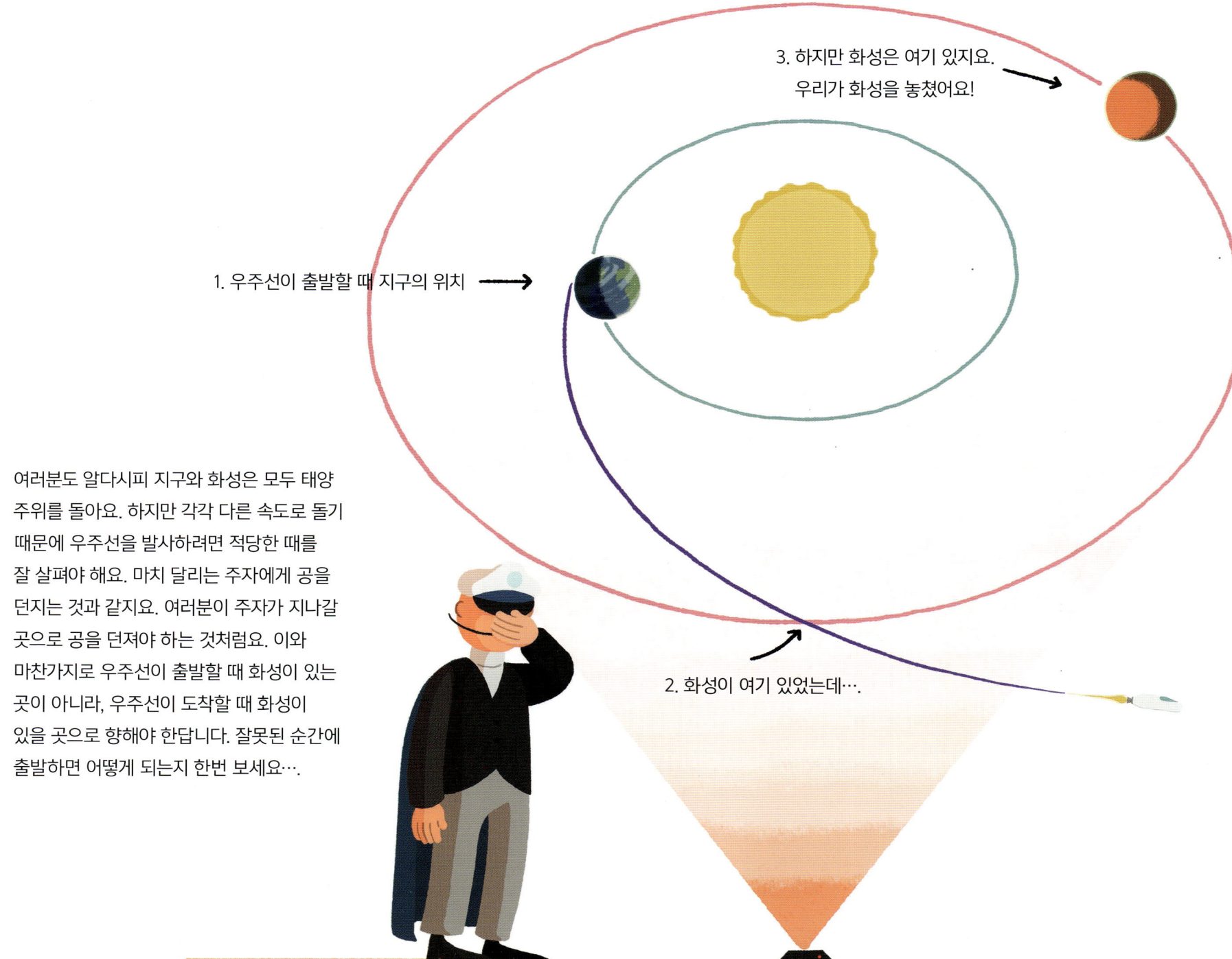

1. 우주선이 출발할 때 지구의 위치
2. 화성이 여기 있었는데….
3. 하지만 화성은 여기 있지요. 우리가 화성을 놓쳤어요!

여러분도 알다시피 지구와 화성은 모두 태양 주위를 돌아요. 하지만 각각 다른 속도로 돌기 때문에 우주선을 발사하려면 적당한 때를 잘 살펴야 해요. 마치 달리는 주자에게 공을 던지는 것과 같지요. 여러분이 주자가 지나갈 곳으로 공을 던져야 하는 것처럼요. 이와 마찬가지로 우주선이 출발할 때 화성이 있는 곳이 아니라, 우주선이 도착할 때 화성이 있을 곳으로 향해야 한답니다. 잘못된 순간에 출발하면 어떻게 되는지 한번 보세요….

항로를 신중하게 계획해야 화성의 궤도에 맞춰 화성에 도착할 수 있어요. 지구와 화성 사이의 이러한 궤도 전이는 26개월에 한 번씩 일어나요. 이 기회를 놓치지 않는 게 좋을 거예요!

깜짝 퀴즈

만약 우리가 한 달에 약 7,000만 km를 여행할 수 있고, 화성까지의 곡선 경로가 4억 9,000만 km라면 화성에 도착하는 데 몇 달이 걸릴까요?

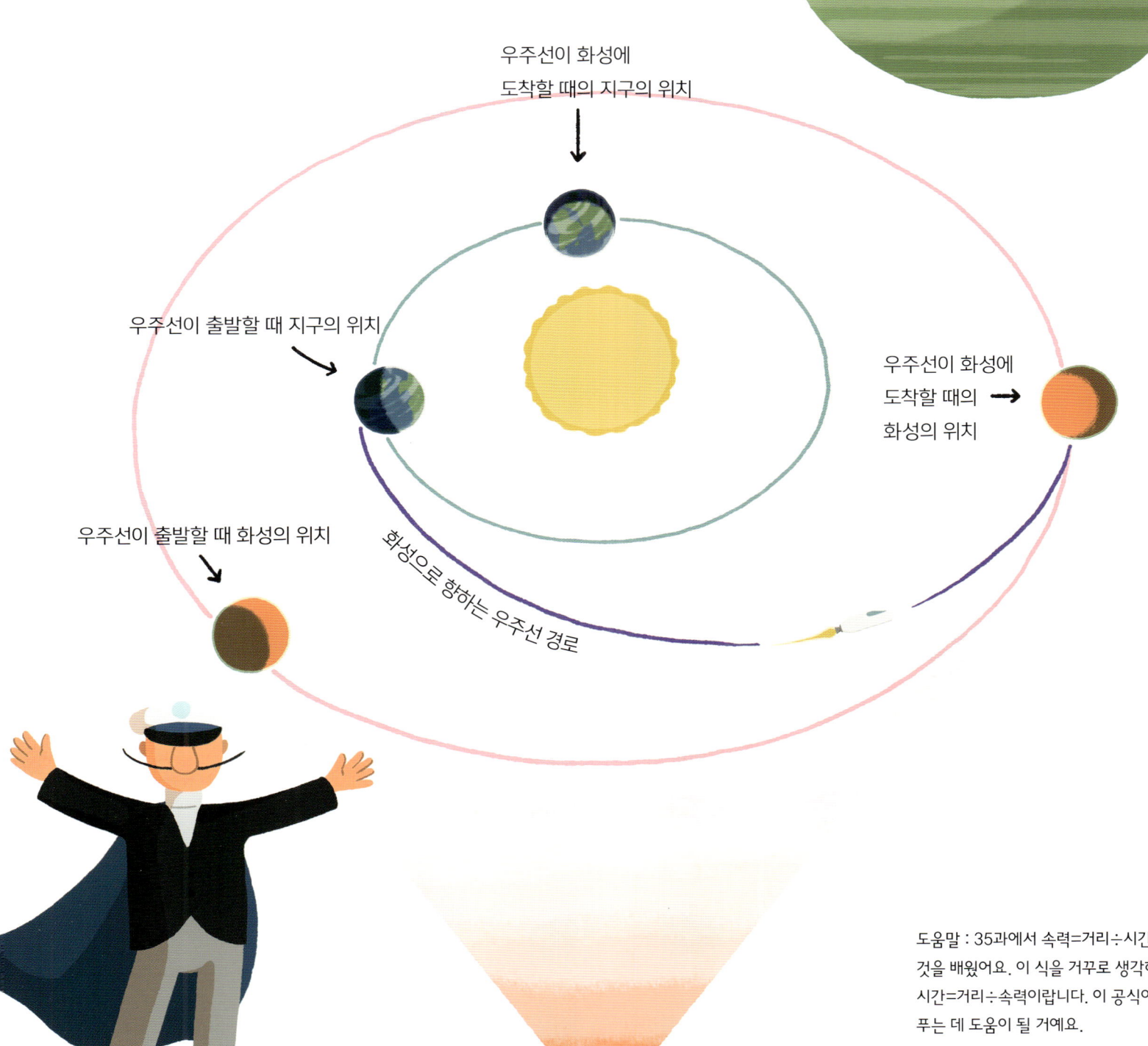

우주선이 화성에 도착할 때의 지구의 위치

우주선이 출발할 때 지구의 위치

우주선이 화성에 도착할 때의 화성의 위치

우주선이 출발할 때 화성의 위치

화성으로 향하는 우주선 경로

도움말 : 35과에서 속력=거리÷시간이라는 것을 배웠어요. 이 식을 거꾸로 생각하면 시간=거리÷속력이랍니다. 이 공식이 퀴즈를 푸는 데 도움이 될 거예요.

정답 : 490÷70=7이므로 7개월 후에 화성에 도착한답니다.

졸업을 축하합니다!

아주 훌륭해요, 훈련생 여러분!

아스트로 아카데미의 세 번째 학기이자 마지막 학기가 끝났으니,
이제 스타십 인피니티호의 정식 승무원이 될 준비를 마쳤군요.
졸업식을 맞이해 여러분의 노력에 힘찬 박수를 보냅니다. 정말 축하해요!
수학은 살아 숨 쉬는 학문이에요. 어쩌면 수학은 전문가들이 모든 해답을 알고 있고,
더는 알아낼 게 없는 것처럼 보일지도 몰라요. 하지만 수학뿐 아니라 지구,
더 나아가 우주를 더 많이 발견할수록 아직도 배워야 할 게 얼마나 많은지 깨닫게 될 거예요.
오늘날 수학자들은 가장 큰 소수는 무엇이고, 무한대의 크기는 얼마이며,
우주는 어떻게 생겼을지 등 여전히 수많은 질문과 씨름하고 있어요.

수학을 알아 가는 여러분의 항해는 아직 끝나지 않았어요.
이제 막 첫걸음을 디뎠답니다!

글쓴이 **에밀리 호킨스**

어린이책 편집자 출신으로 수학, 해양 동물, 공룡, 자동차 등 40권 이상의 어린이책을 집필하였고,
《세계 동물 지도책》(공저)은 '에드워드 스탠포드 올해의 어린이 여행 책'으로 선정되었습니다.

그린이 **다니엘 프로스트**

다수의 수상 경력이 있는 일러스트레이터로 영국 왕립예술학교를 졸업했습니다.
전통적인 방식으로 현대적인 그림을 그리며, 그린 책으로 《스쿨 오브 뮤직》, 《영국왕립예술학교》 등이 있습니다.
덴마크 코펜하겐과 영국 런던에서 살면서 일하고 있습니다.

옮긴이 **고유경**

영국 카디프 대학교 저널리즘 스쿨에서 언론학 석사 학위를 받았습니다.
글밥 아카데미 수료 후 바른 번역 소속 번역가로 활동하고 있고, 번역한 책으로는 《숫자 없는 수학책》, 《참회의 수학》,
《나는 수학으로 세상을 읽는다》, 《수학님은 어디에나 계셔》, 《내 생애 한 번은 수학이랑 친해지기》 등이 있습니다.

수학 명문 학교, 아스트로 아카데미

에밀리 호킨스 글 | 다니엘 프로스트 그림 | 고유경 옮김

1판 1쇄 펴낸날 2021년 12월 30일 | **펴낸이** 이충호 | **펴낸곳** 길벗어린이(주)
등록번호 제10-1227호 | 등록일자 1995년 11월 6일
주소 04000 서울시 마포구 월드컵북로 45 에스디타워비엔씨 2F
대표전화 02-6353-3700 | 팩스 02-6353-3702 | 홈페이지 www.gilbutkid.co.kr
편집 송지현 임하나 이현성 황설경 김지원 | **디자인** 김연수 송윤정
마케팅 호종민 김서연 황혜민 이가윤 강경선 | **총무·제작** 최유리 임희영 박새별 이승윤
ISBN 978-89-5582-637-1 73410

THE SCHOOL OF NUMBERS
Copyright © Quarto Publishing plc 2019
Text copyright © Emily Hawkins 2019
Illustrations copyright © Daniel Frost 2019
First Published in 2019 by Wide Eyed Editions, an imprint of The Quarto Group.
All rights reserved.
Korean Translation Copyright © 2021 by Gilbut Children Publishing Co., Ltd
This Korean edition is published by arrangement with The Quarto Group through Bookmaru Korea Literary Agency.

이 책의 한국어판 저작권은 Bookmaru Korea Literary Agency를 통해 The Quarto Group과 독점 계약한 길벗어린이(주)에 있습니다.
저작권법에 의하여 한국 내에서 보호를 받는 저작물이므로 무단 복제와 전재를 금합니다.